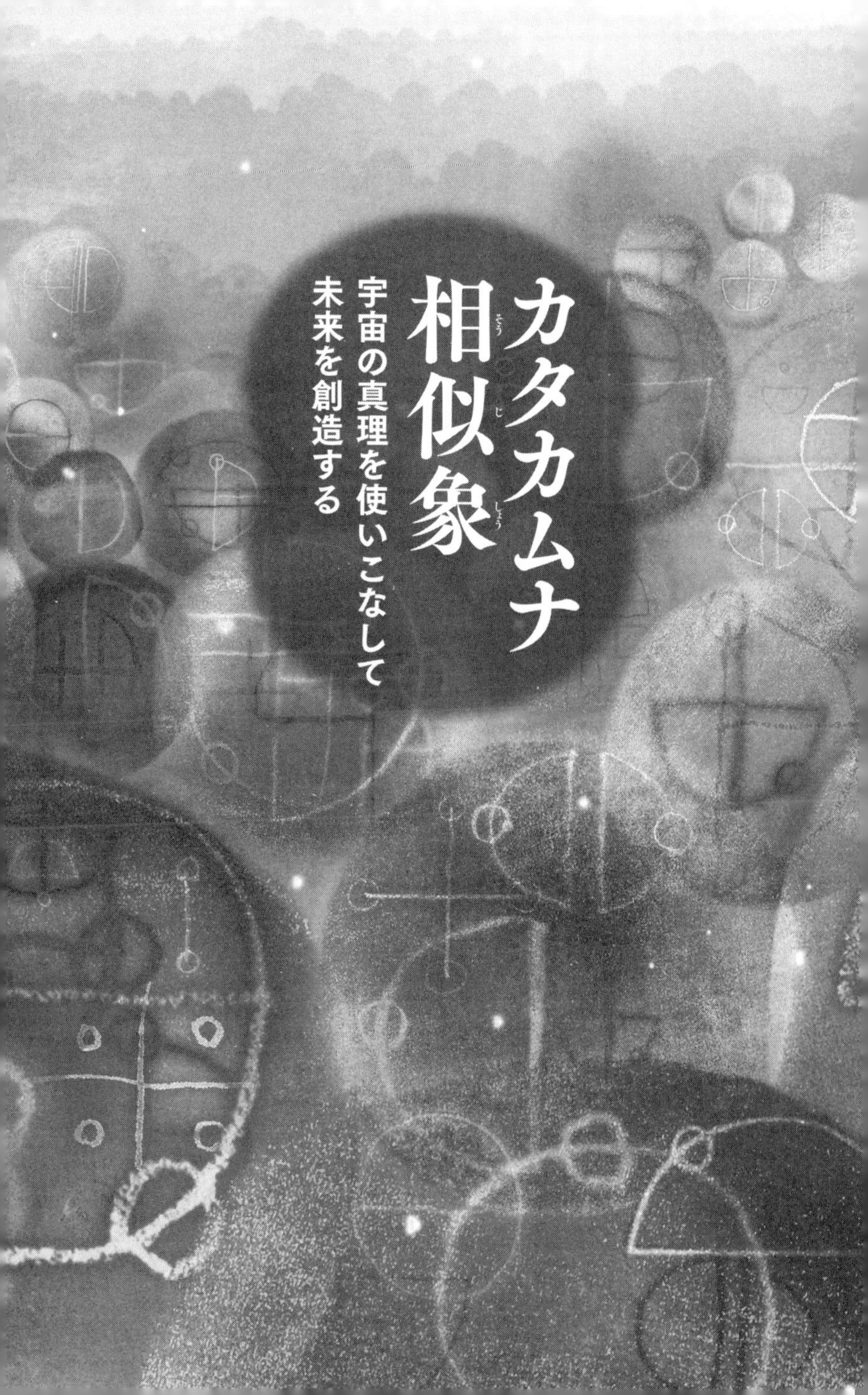

カタカムナ
相《そう》似《じ》象《しょう》

宇宙の真理を使いこなして
未来を創造する

はじめに

ちょうどこの本を書きはじめたのは、２０２０年12月21日の冬至の23時。あと4時間で、約３９７年ぶりに木星と土星が大接近するという劇的なタイミングでした。

あなたは、相《そう》似《じ》象《しょう》という言葉を聞いたことがありますか？

相似象とは、ミクロからマクロまでの様々な現象、形態が似通っていることをいいます。

つまり、素粒子のようなミクロの世界から、太陽系や銀河などのマクロの世界までが、回転したり、渦を巻いたり、収縮したり、拡散したりと同じような動きをすることです。

最近、「カタカムナ」という言葉を知っている人が多くなりました。実は、**「相似象」が古代超直観科学のカタカムナの真髄なのです。**

この大事なことをしっかりと伝えていきたいので、この本では「カタカムナ相似象」という表現をあえて使いたいと思い、この本のタイトルにしました。

実は私たちの体は、誕生から寿命までの期間限定で宇宙からお借りしています。それで、**体も宇宙と相似象になっています。**

ドイツの神智学者シュタイナーによると、木星は肝臓と、土星は脾臓と相似象だそうです。

２０２０年12月21日は、木星と土星の大接近という天体ショーによって大きな渦ができて、地球に大変革の嵐をもたらしましたが、これは私たちの肝臓や脾臓の活動にも影響していると思います。

肝臓にためる感情は怒り、脾臓にためる感情は自己否定です。

この冬至の日に約２００年続いた土の時代が終わり、風の時代が始まりましたが、たまっていた怒りや自己否定の感情が、軽やかに解放されやすくなったかもしれません。

この２つの感情は、気持ちを下げる（波動を下げる）働きがあるので、どちらも解放できれば、まさに風に乗って軽やかになって飛べるようになります。

これからの２００年は、風のように飛べる、明るく楽しく軽やかな時代へ変わっていきます。

大きく楽しい奇跡がどんどん起きていきます。ブレークスルーが起きて古い体制がくずれ、これまでのピラミッド構造が、ドーナツ型のトーラス構造に変わります。とても愉快なエクスタシーチェンジです。ピラミッド構造は、権力とお金が大好きなチームが作る社会構造でした。

今までの地球の文明は「権力者と奴隷」のゲームが続いて、戦いが多かったのですが、いよいよそれも終焉《しゅうえん》を迎えます。

宇宙人の応援をもらいながら、みんなが平等で安心、平和な世界構造に変わっていくのです。

日本は、平和だった江戸時代が、黒船とともに近代文明が侵入してきて、明治維新を境に戦争ばかりの時代に突入しました。

これにも意味があって、ずっと平和だった日本が戦争に参加することで、１００年も続いたアジアでの西欧における植民地が大解放されたのです。

２０２０年には、新型コロナウイルスの登場で、激しく動いていた地球人類の活動が突然ストップしました。これも今までの世界を見直すきっかけになりました。

「令和維新」が今、起きています。明治維新のときは黒船でしたが、令和維新では宇宙船が登場し、地球全体が平和な宇宙時代へと突入しています。

思いがけない振り返りのチャンスが到来して、私たちは今の自分でいいのかを問うことができました。

そのおかげで、本当にやりたかったことを思い出しています。

もうすでに、やりたいことを見つけて動き出した方もいると思います。

そのようなタイミングのときに、カタカムナ相似象の本を書くことになりました。

今こそ、カタカムナの真髄の相似象を世の中に広く伝えていくベストタイミングだと感じています。

私がカタカムナにはまったのは9年前ですが、カタカムナの真髄の相似象に出会ったのは、２０２０年からです。それまでカタカムナだと思って学んできたことはカタカムナではなく、言霊《ことだま》のことだったとわかって、びっくりの衝撃が走りました。

今、原点に戻って本当のカタカムナ相似象に触れることができるようになって感無量です。

まだ探求途上ですが、地球が大きく変化しているこのタイミングに書かなければという強い思いが湧いてきて、あえて今、書くことにしました。

　時代はどんどん動いています。そのタイミングに合わせて、走りながら学ぶこともありだと感じています。

　実は、カタカムナ相似象を学ぶことで、感受性を磨くことができます。世の中の真実をもっと理解できるようになります。

　さらに自分の存在がよりわかるようになるのです。

　つまり、この世での生き方が、もっと楽になるのです。

　カタカムナ相似象を知ることで、世界観ががらりと変わり、生きるのが楽しくなってきます。毎日わくわくいろんな発見があって、充実してきます。

　見えないカムの世界から、宇宙を感じること（カムウツシ）で、この世に形ある「カタ」を作り出すことができるということがわかって、わくわく心が躍動してきます。

　私は、「愛と笑いの過去生療法」というユニークな治療法を楽しく続けている、薬を使わない精神科医です。東京から沖縄に移住して22年になります。沖縄で癒しに関する本を書きはじめ、この本で44冊目になります。

私は難しい内容をわかりやすく書くことを大切にしています。きっと難しく感じるカタカムナ相似象も、「私」というチャンネルを通して、日常生活にすぐ役に立つものからわかりやすく紹介していきたいと思います。

次に紹介している「カタカムナ相似象とは」と、各章の最後に掲載しているコラムは、カタカムナ相似象を学術的に研究している川ヰ亜哉子さんが詳しく解説してくださいました。

カタカムナ相似象はちょっと難しいかなと思っていたあなたにとって、本書がどんどんカタカムナ相似象の真髄を日常生活に取り入れるための入門書になったら本望です。

カタカムナ相似象を学んで、壮大な宇宙のしくみを感じてみましょう！

越智啓子

2021年11月吉日

カタカムナ相似象　宇宙の真理を使いこなして未来を創造する　目次

カタカムナ相似象とは

第1章 宇宙のしくみとカタカムナ

第2章 日常生活に潜むカタカムナ

第4章　命と性のカタカムナ相似象

第5章　新しい時代とウタヒ

カタカムナ相似象とは

川井亜哉子

宇宙のリズムに共振して生きる

カタカムナ相似象を知ることは、この世界に存在するすべてのものに影響している宇宙の法則を知ること、といってもいい過ぎではないと私は思います。簡単に説明することはとても難しいのですが、「この世界のすべての出来事を生み出す物理法則」といえます。

つまり、カタカムナ相似象は、この世に存在するすべての物理法則を整理して、シンプルに表したものです。

冬に降った雪が春になると解けることや、春に咲いた花が秋には実をつけること、太陽が東から昇り西に沈むことや、渡り鳥が決まった道をたどって目的地に着くこと、鮭が生まれた川に戻って産卵をすることなどは、たったひとつの物理法則で起きています。

宇宙の物理法則をもとにすべての自然現象は起きていて、私たちの中に起きる喜怒哀楽という精神的なことさえも、宇宙や自然界との関係性で起きているということがわかります。

　太陽から放たれた光が月に反射して地球に届いている光のことを「月の光」といいますが、月が私たちの生体リズムに大きな影響を及ぼすことはよく知られています。そのリズムで命は生まれ、旅立つといわれてきました。また、月の引力が作り出している波のリズムは、私たち生物が持っているリズムと同期しています。

　このように、地球にあるすべてのものが持つ周波数のリズムと、宇宙の周波数のリズムは相似形（よく似た形）でつながり合っていることがわかります。人間を除いた生物たちは、このリズムと共振して生きています。

「人間を除いた」と書きましたが、何万年も前のカタカムナ人は、この宇宙の物理的なリズムに共振して生きていました。

　時代が進み、リズムから切り離され、共振することを忘れてしまった私たちは、自然を開発し、合理的、生産的に生きることが宇宙に影響を与えていることにさえ気づかなくなってしまいました。

　カタカムナ相似象を学ぶということは、生命とは何か、心や精神とは何か、宇宙とは何か、人はどこからきて、どこへ還るのかという理解を深めるだけでなく、あらゆるモノに根源的なリズムがあり、そのリズムに寄り添い共振することが、生きる術であると知ることです。悩み迷うとき、カタカムナ相似象的に捉えることで、心の有り様が変わります。

たとえば、何か大きな壁にぶつかったり、行き詰まりを感じたとき、カタカムナ相似象のひとつの法則である「向き合い方」のサトリを知ることで、大きな壁や行き詰まりは、新しいものを発生させるための「自己発生のメカニズム」だったことに気がつきます。壁が生んだエネルギーが、新しい自分を誕生させるためにチカラを貸してくれていることが理解できると、「納得する」という体験が得られるようになります。行き詰まりは、圧力を生むエネルギーの障壁で、壁を越えることで新しい世界を受け取るのです。悩みや苦しみは、常に次の世界を増やしていくための振動現象なのです。

カタカムナ相似象とは、見えない世界を解き明かした物理学

カタカムナ相似象は、物理法則を表したものといいましたが、普通の物理学と少し違います。それは見えない世界を含んでいるからです。カタカムナ相似象という

物理学のベースは、見えない世界に存在します。この世界は見えない世界がなくては成り立たないのです。

この見えない世界のことをカタカムナ相似象では「潜象世界」といいます。「見えない世界」は「ない」のではなく、はっきりと「存在するもの」として捉え、潜象世界といっているのです。

反対に、見える世界、つまり私たちの目に映っている世界のことを「現象世界」といっています。

そして潜象世界と現象世界は重なり合うことで、モノを発生させているのだといっています。つまり、現象世界は、見えない潜象世界が土台になっているというわけです。

現象世界のことを「カタ」、潜象世界のことを「カム」といい、さらにこれら2つの世界をつないでいるものがあることを明らかに、「ナ」と表しています。これが「カタカムナ」の簡単な説明です。

カタとは、潜象世界カムの世界から、「カタチ」となって現れ出たモノのことをいいます。言葉としては、「固い・堅い・硬い」や「固まり・塊」「片仮名」など、なんとなくもう片方の世界を存在させるというか、見える形は片方であり、現れ出ているものは固い（堅い・硬い）モノであるというニュアンスを持っているような気がします。

カムとは森羅万象すべてを生んでいる、私たちには捉えることのできない大きなチカラのことをいいます。「神」という言葉を連想させますが、見えない大きなチカラが神であると古代の人は信じていたのではないかと思います。「カムオクリ」「カムカゼ」「カムイ」など、この言葉の中に、見えない大きなチカラを感じます。

そしてナは、カタとカムの2つの世界のつなぎ目を表しています。「ナカマ」「キズナ」など、「ナ」というものが、モノをつなぐ役割をしているのが感じられます。

カタカムナは、見えない世界と見える世界をつないでいるモノがある、見えている世界は「片側」なんだよ、と伝えています。

理解が深まってくると、自分の身に起きてくる現象の意味や、さらにその裏に隠れている問題の本質が何なのかが理解できるようになります。

カタカムナ相似象を知ると、誰もが大きな見えない力にサポートされていると気づきます。それは宇宙のしくみなので、世界中すべての人、誰にとっても同じ法則が働いています。

日本語に「おかげさま」という言葉がありますが、これこそが陰の力、つまりカムのチカラのことで、そのチカラへの敬意を表した言葉なのです。

すべての現象に型がある

カムの世界を構成し、カムの世界に存在しているものを「カ」といいます。

カは、カムの世界に充満しているといわれています。

カというカタカナは、力（チカラ）と同じ形ですが、地球や月、太陽や星々など宇宙のすべてを動かすチカラこそが、カなのです。天体を動かすチカラですから、カムの世界に存在する見えないチカラとは、相当に巨大なモノであると想像できます。

チカラは直接見えませんが、その「働き」を見ることはできます。見えないけど捉えられる、目には見えないけど動きは見える——これがまさに潜象世界のカの存在です。

日本語には、カのつく言葉がいちばん多いといわれていますが、知らず知らずに日本人は、力を感じながら生きてきたからかもしれません。

力の働きは、「型」を持っています。

たとえば、空に広がる稲光の姿は、樹木の枝の伸びていく姿と相似し、大地の中の根っこも同じ姿をしています。さらに、人間の血管や植物の葉脈なども同じ姿をしています。

これらの相似形は、「広がりを持って拡大していくもの」「広がることで、持続していくもの」というひとつの動きの型といえます。つまり、その型を持っているものは、広がり持続していくというチカラを持っています。

また、その型は、見えるものだけではなく、人間の運勢や行動パターン、天体の動きや宇宙のしくみとも相似形になっているのです。

これら同じ型を持つものは、お互いに無関係な顔をしていますが、ひとつの型でつながり合い、美しい秩序を保ち、関係性を持って存在しています。

型はひとつの暗号で、すべてのものの中に埋め込まれています。

つまり、物事の中の型を見つけていくことで、よりシンプルに根源に近づいていくことができるのです。

このように、自然界からその型を取り出し、整理したものが相似象です。同じ型を持つものは、同じような働きをします。それを「フラクタル構造」ともいいます。カタカムナ相似象を知ることは、フラクタルな中にある暗号を知ることになるのです。

命が発生し還元していくことを表しているウタヒ

ここまでカタカムナ相似象の世界をご説明しましたが、遺されて存在しているものは、図象でできた80個の「ウタヒ」と呼ばれる短歌・長歌のようなモノしかありません。それを「カタカムナ文献」といいます。

ウタヒはマルと十字、半円や四半円を駆使して作られた図象が、渦巻き状に配列されたもので、1首、2首……80首と数えます。これはカタカムナ人の言葉です。見えている世界（カタ）と、見えない世界（カム）がどのようにつながり、どのようなしくみで働いているのかを表しています。

基本となる音は全部で48個あり、全80首の中の第5首と第6首に網羅されています。カタカムナ人は「宇宙に響く音」を「声の音」に写して、これらを作り上げたといわれています。

第5首と第6首を合わせて「ヒフミヨイ　マワリテメクル　ムナヤコト　アウノスヘシレ　カタチサキ」「ソラニモロケセ　ユヱヌオヲ　ハエツヰネホン」となります。「アイウエオ」や「イロハニホヘト」と同じで、この2つのウタヒの中に、48個の音声がすべて登場します。

しかも、この音の並び方は、命が生まれ、見えないカムの世界に還元していく様子が順番に並べられているといいます。「ヒフミヨイ」と命は発生し、還元していくのです。日本語の48音は自然界の働きを表しているのです。

一音一音に、音のハタラキが込められている

48音には、それぞれに動きや働きを起こすカムのチカラが内在しています。

音のことを響きといいますが、響きとは、はじまりの音であるヒが、カムの世界から形をヒキ出す（見えない世界から現象を引っ張り出す）ことを表しています。

神道の警蹕《けいひつ》は、祭祀の際の降神《こうしん》・昇神《しょうしん》のときに発声する「おー」という声音です

が、カタカムナ相似象では、「オ」の音は、「6方向に広がっている環境のチカラ」と伝えられています。これを言葉の「意味」として確定してしまうと、そのものが持つ音の働きを止めてしまいます。たとえば、「おー」を「6方向に広がっている環境のチカラ」と断定してしまうと、なんのことか意味がわかりません。48音は「相関図」になっているので、この48の音の相関図を受け取れるようになると、「おー」という響きを発することで、環境のチカラは絶えず振動して強まり、普段は手に届きそうにない神のおわす見えない世界につながる扉を開けるものとして捉えられてきた、とわかるのです。

このように、ひとつの音にひとつの意味を当てはめるのではなく、相関し合う音が立体的に物事を抽き出していると理解することが大切です。

カタカムナ相似象は、一音一音が動き続けている変遷象であるため、翻訳するように言葉に置き換え、確定した意味として伝えることができません。時間が今・今・今……といっている間にすべてが過去になっていくように、現れ出ている図象はコロコロと変遷していき、何ひとつとして定まっていないことを表しています。

また声音符は48個ありますが、それらは様々な秩序を持って相関的に重なり合い、関係性を持っています。関係性を持つことで、「固まり」となり、「響き」となり「働き」をもたらしているのです。

その関係性を示しているのが、のちにご説明する「ミクマリ図象」「フトマニ図象」「カタカムナ図象」と呼ばれる中心図象です。

日本語は48個のサトリを表している

48の声の音を示す声音符は、一つの音が一つのサトリを持ちます。それぞれのサトリの働きを一つの声音符で示しているのです。

3つの中心図象は、48音の相関的な関係性を示し、80のウタヒは、「カタ」と「カム」と「ナ」という世界が、どのようにつながり合って、命の発生と還元を生んでいるのかを伝えています。

つまり、日本語を使っている私たちは、それだけで生命と関わり続けていることになります。

多くのものは宇宙に存在する星々の影響を受けて存在していること、それらの旋転運動が周波数を生み、響きを作り続けていることなどが、カタカムナ文献には網羅されています。

その世界観を紐解き、根本のリズムのしくみをアマすことなく受け取ることができたら、私たちの肉体は常に「カタカムナのヒビキ」となります。つまり、自分自身が潜象界と現象界をつなぐカタカムナのナ、そのものになるのです。

見えない世界と見える世界、両方をつなぐ存在になることで、自分自身の中に宇宙のしくみを引き込む。よくいわれる「私たちの肉体は小宇宙である」という話はまさにカタカムナ相似象の根源なのです。

カタカムナ 48声音符図

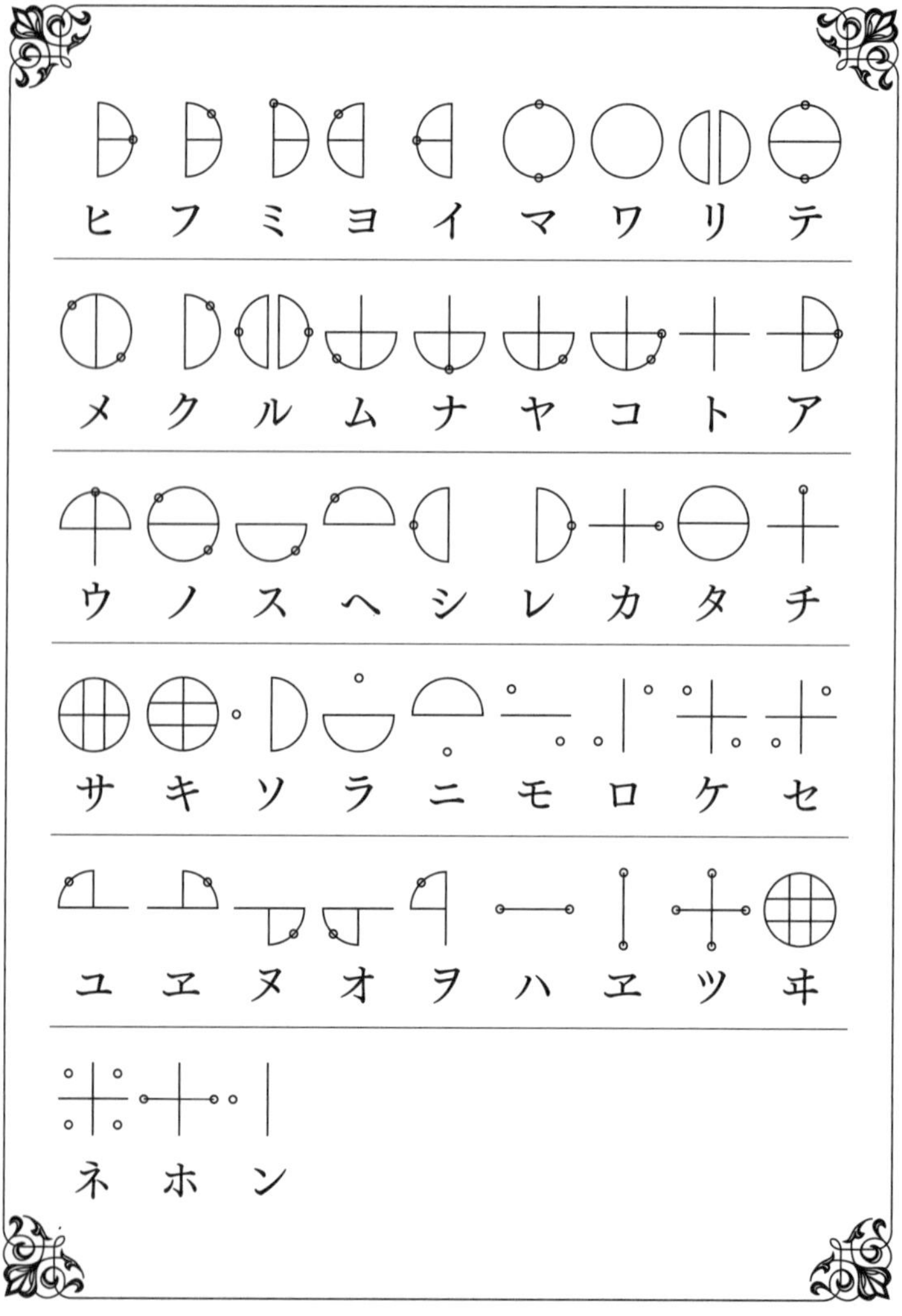

カタカムナの基本

ヤタノカカミ図象

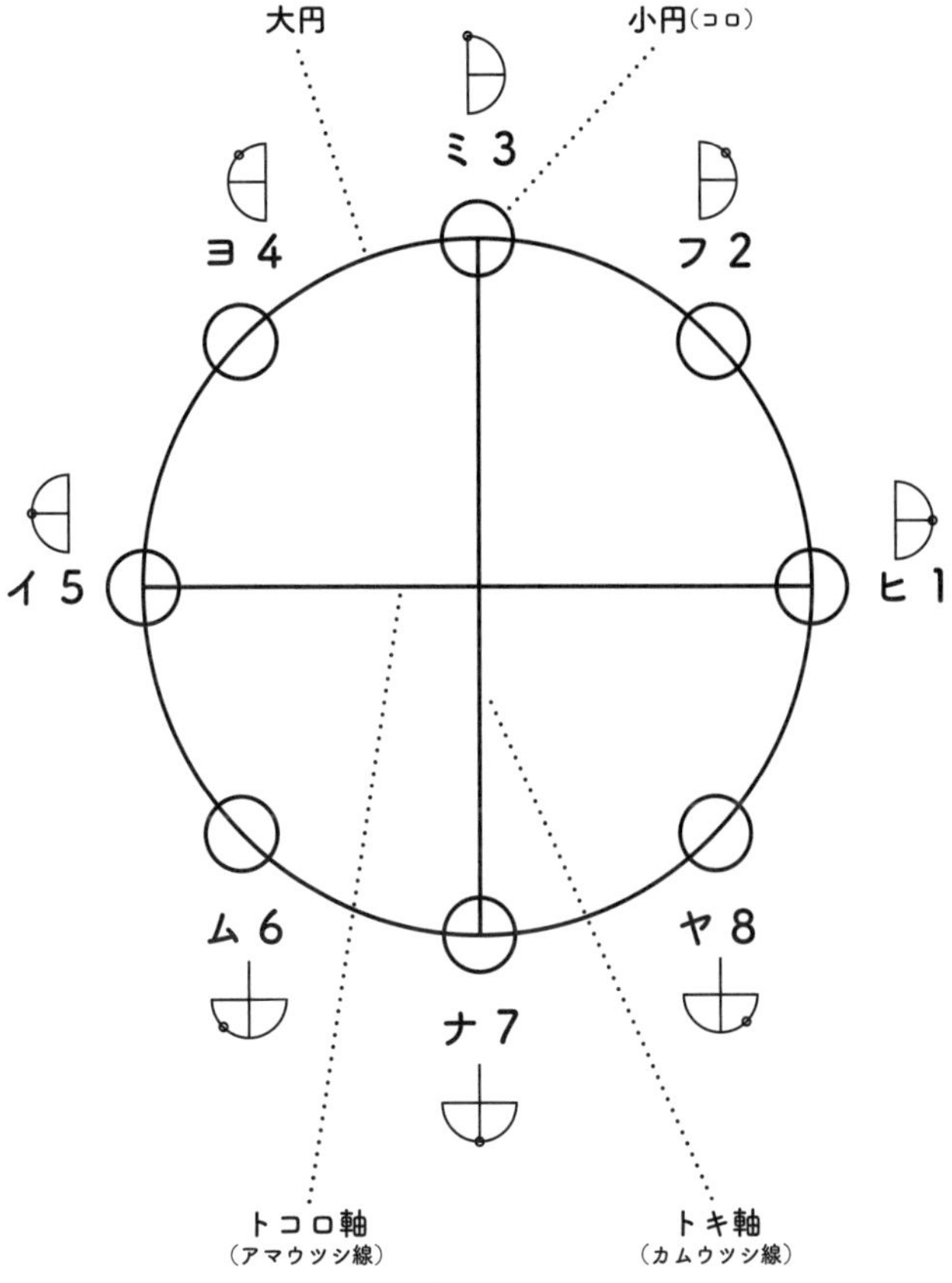

カタカムナウタヒ第1首

カタカムナの根本原理を表している。

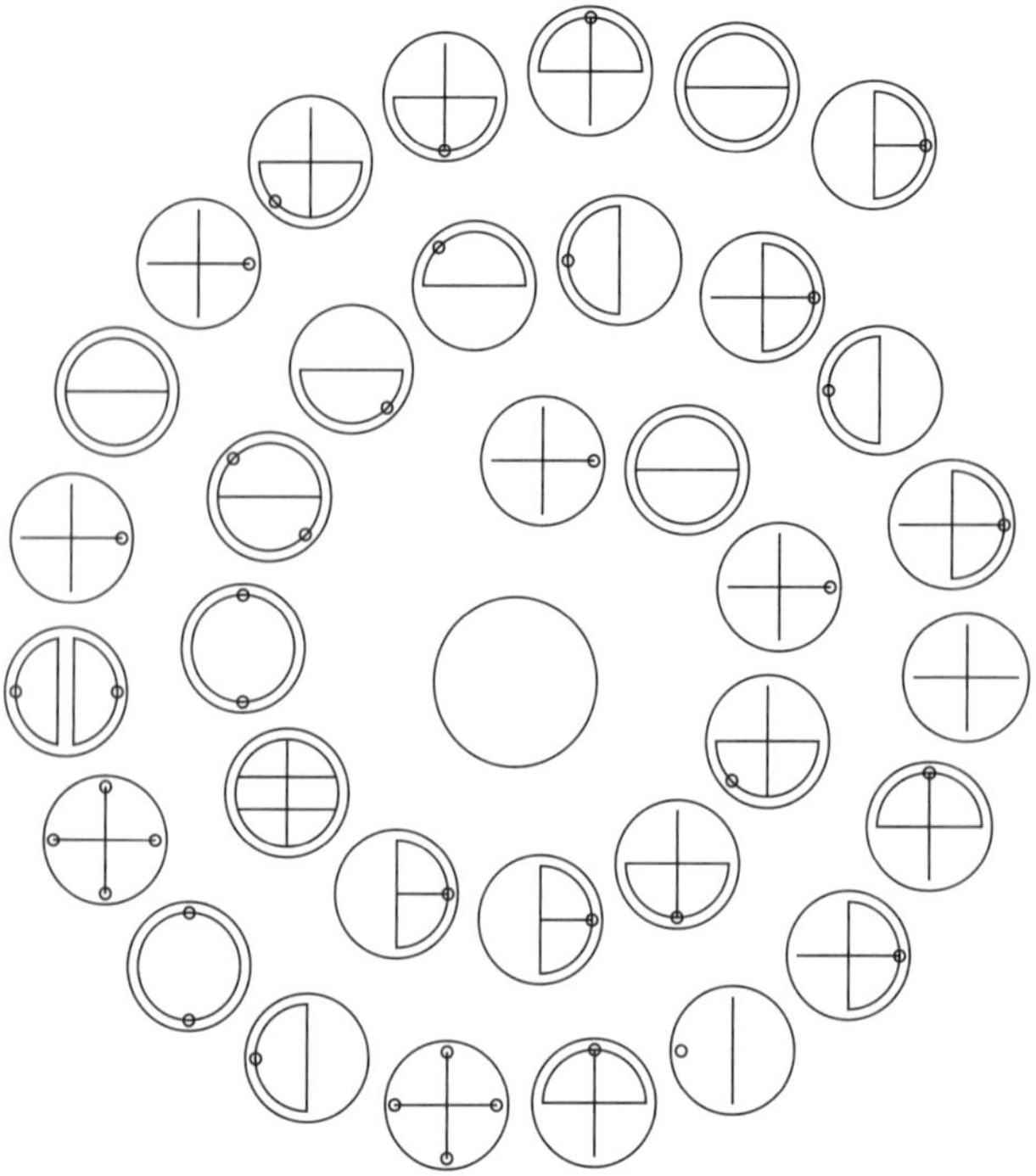

中心図象：ミクマリ図象

カタカムナ　ヒヒキ　マノスヘシ　アシアトウアン
ウツシマツル　カタカムナ　ウタヒ

カタカムナウタヒ第2首

「場」のさとりについて表している。

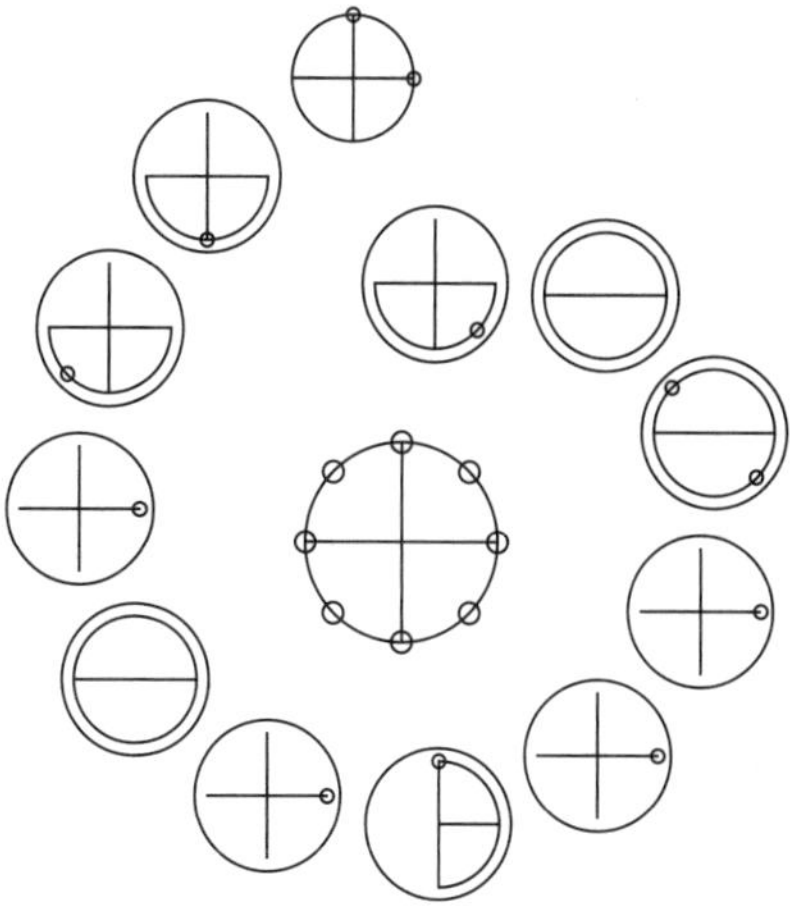

中心図象：ヤタノカカミ（カタカムナ）図象

ヤタノカ　カミ　カタカムナ　カミ

カタカムナウタヒ第3首

見える世界と見えない世界の循環を表している。

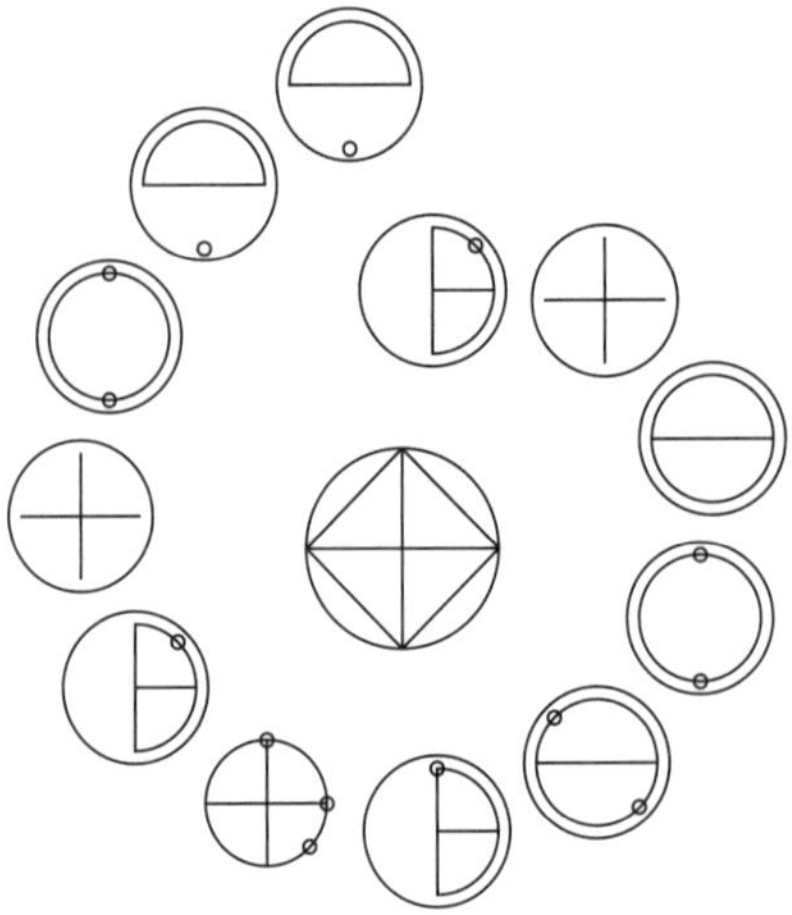

中心図象：フトマニ図象

フトタマノミ　ミコト　フトマニ　ニ

カタカムナウタヒ第4首

森羅万象が永遠に正反に発生し続けることを表している。

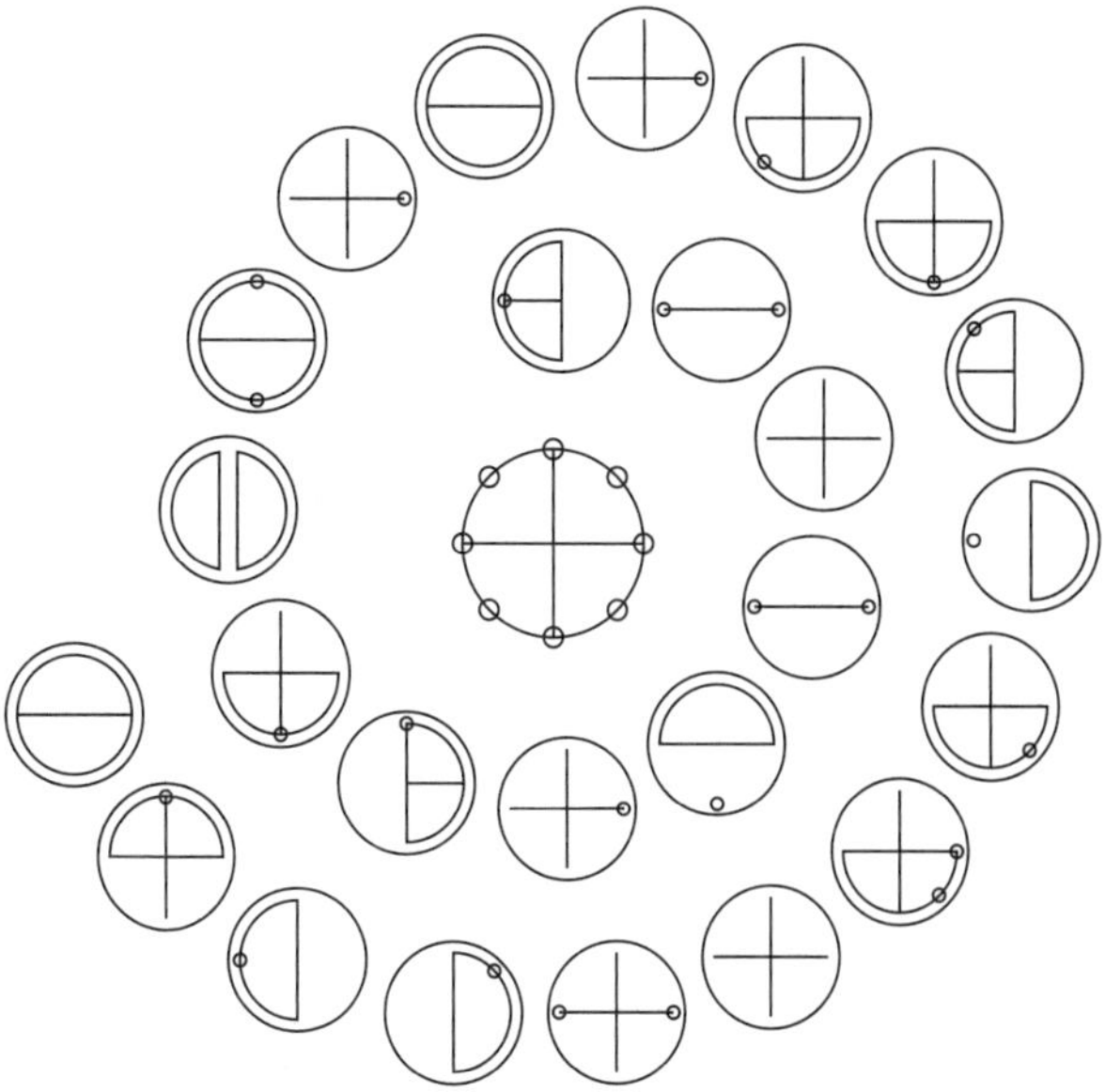

中心図象:ヤタノカカミ(カタカムナ)図象

イハトハニ　カミナリテ　カタカムナ
ヨソヤコト　ホクシウタ

カタカムナウタヒ第5首

命の誕生を表している。

中心図象：ヤタノカカミ（カタカムナ）図象

ヒフミヨイ　マワリテメクル　ムナヤコト
アウノスヘシレ　カタチサキ

カタカムナウタヒ第6首

命が還元されていくことを表している。

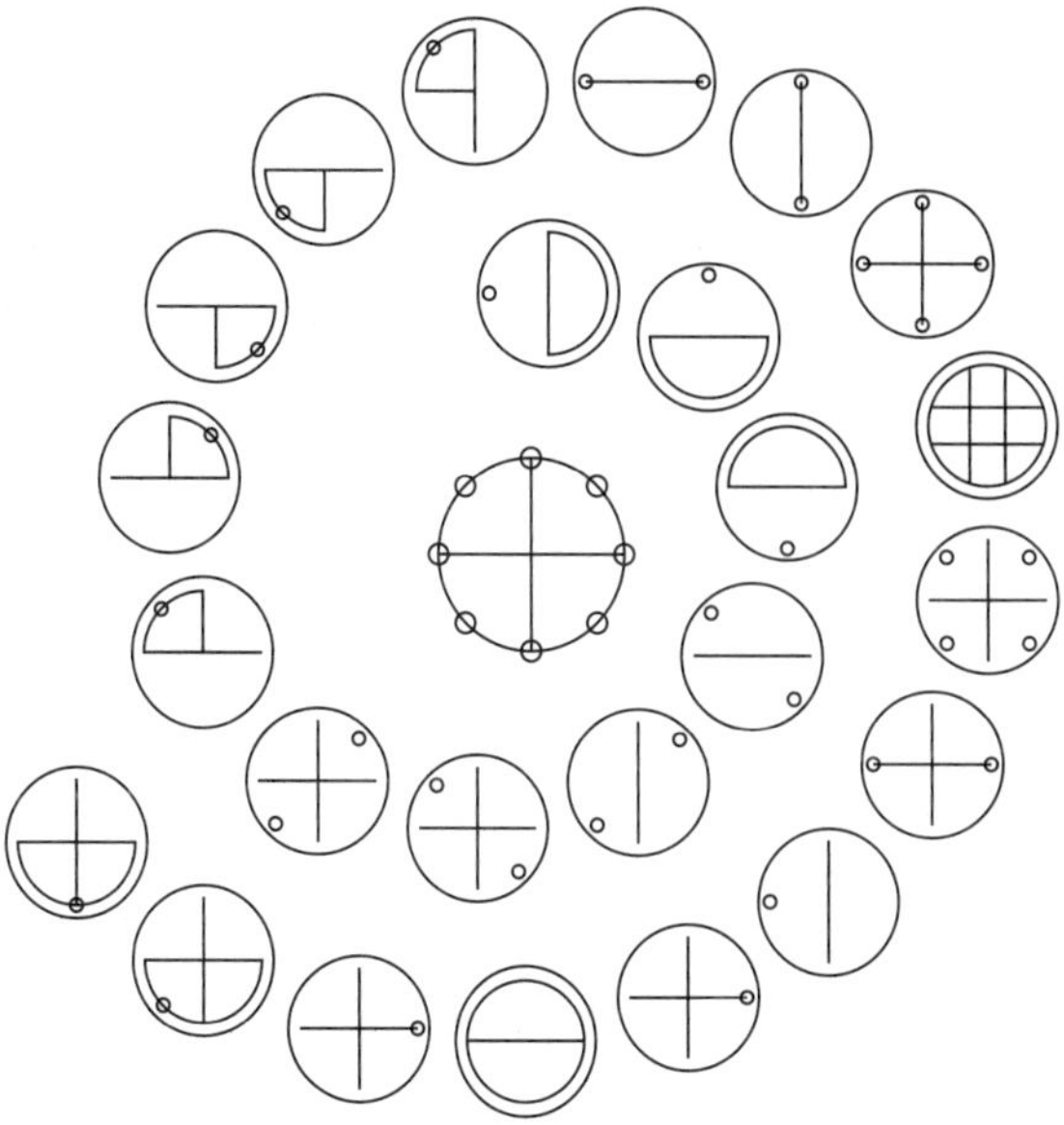

中心図象：ヤタノカカミ（カタカムナ）図象

ソラニモロケセ　ユヱヌオヲ　ハエツヰネホン
カタカムナ

カタカムナウタヒ第7首

カムとアマの変遷を表している。

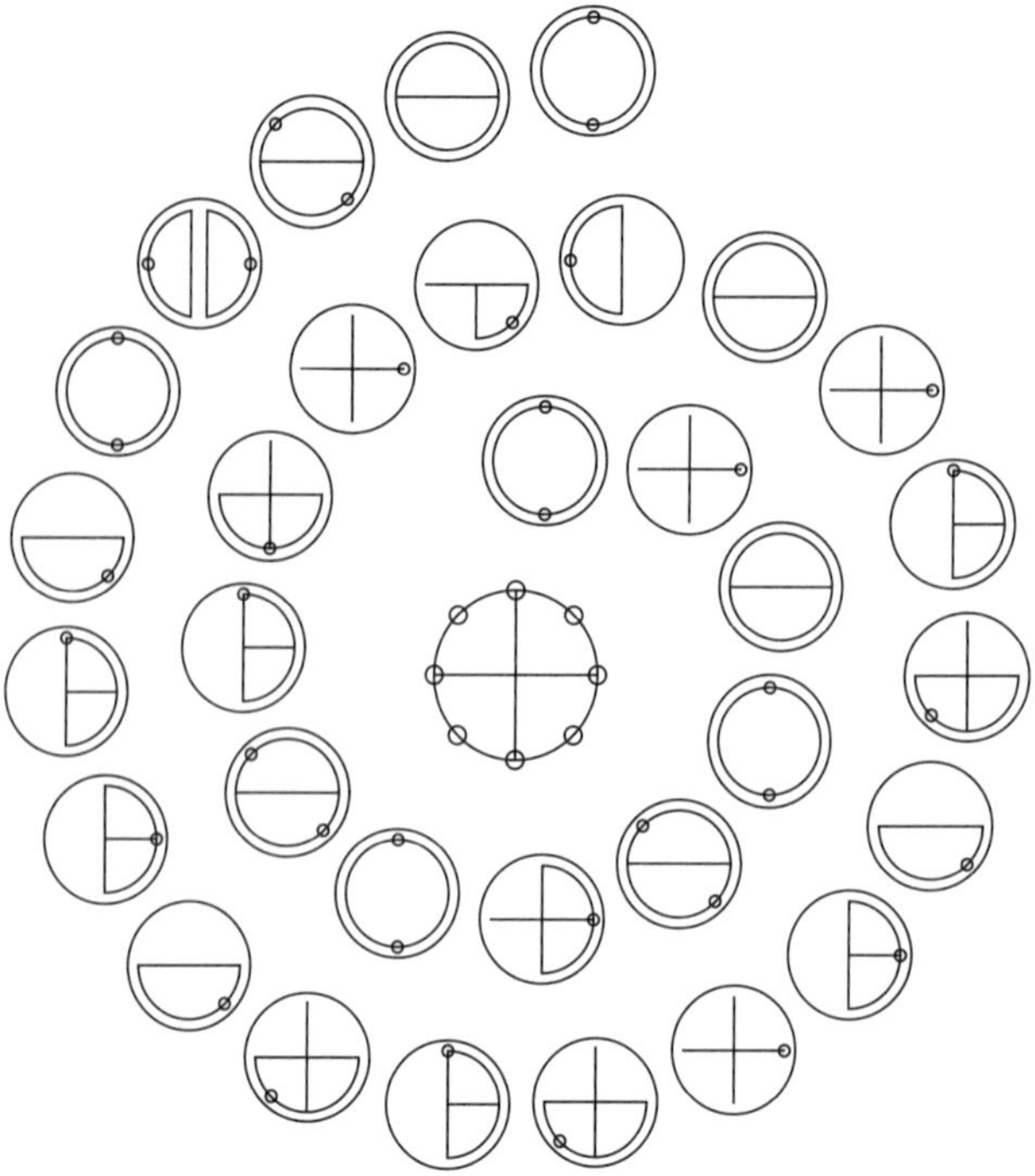

中心図象：ヤタノカカミ（カタカムナ）図象

マカタマノ　アマノミナカヌシ　タカミムスヒ
カムミムスヒ　ミスマルノタマ

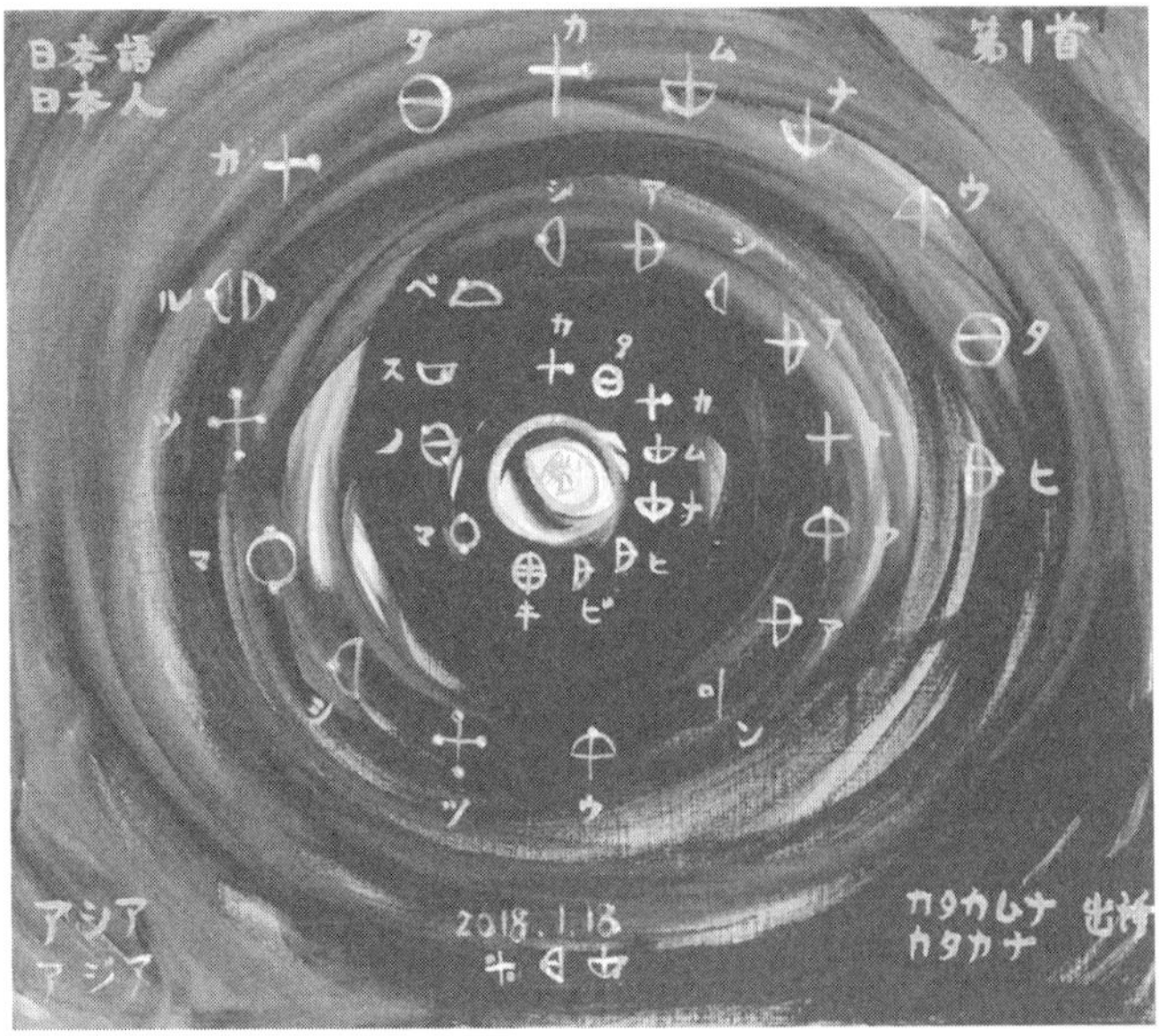

第1章

宇宙のしくみとカタカムナ

古事記より古くから存在していたカタカムナ

カタカムナ相似象という言葉をはじめて聞く方のために、少し紹介したいと思います。

カタカムナ相似象は、楢崎《ならさき》皐月《さつき》さんという物理学者が古事記を読み込んで、この解読に成功しました。広辞苑も古事記もボロボロになるほどしっかり読み込んで、解読されたそうです。

それをもとに、カタカムナウタヒにカタカナが記されるようになりました。

これがいつ頃描かれたものかはわかりませんが、1万年以上前から伝えられてきたといわれています（私の直感では4万年前からだと思います）。

それを見ると、古事記に出てくる神々の名前が出てきてびっくりします。

カタカムナウタヒのほうが古事記よりずっと古いので、古事記はカタカムナウタヒを参考にしたのだと思います。

神様とは、物理学を表していた!?

最初に古事記の神々が出てくるのは、第7首のウタヒです。

それも、宇宙を創造した創生三神の名前が出てきます。

第7首は「マカタマノ　アマノミナカヌシ　タカミムスヒ　カムミムスヒ　ミスマルノタマ」と解読されました。

アマノミナカヌシは「天之御中主神」、タカミムスヒは「高御産巣日神」、カムミムスヒは「神産巣日神」ですが、聞いたことがある神様の名前でしたか?　ぜひ声に出して響きを感じてみてください。

そして、天之御中主神は、「原子核」なのだそうです。神様が物理学だったことにはびっくりしました。

天之御中主神は、私にはとてもなじみがあります。

高校時代から私の指導霊として、「おじいちゃん」と呼んで、見えない世界（カムの世界）を解説してもらっていました。

それが、私を守ってくれていた守護天使さんが、あまりにもイケメンだったので、うっかりプロポーズしてしまったのです。これは天使世界では珍しいことらしく、天使会議が開かれて、その結果、イケメンからおじいちゃんに入れ替わってしまったのです。トホホです。

「おじいちゃん」と呼んでいた神様ふうの指導霊は、私だけでなく誰でも意識すると、自分の中の宇宙に現れます。宇宙を創造する宇宙神だからです。

あなたも試しに、「ミナカヌシのおじいちゃん、指導してもらえますか？」と問いかけてみてください。すぐに仙人のような長い髭のおじいさんが登場してくると思います。

それにしても、そのおじいちゃんが実は原子核だったとは!?

以前、直接聞いてみたことがあります。

「おじいちゃんの名前を教えて？　やっぱり神様なの？」

「あまりいいたくないのじゃが、天之御中主神といわれている〜」

そのとき、「原子核じゃ〜」といわれていたら、もっと混乱していたかもしれませんから、やはりこの流れでよかったのです。

神々の世界が、急に物理学の世界になりますが、宇宙を細かくミクロの世界としてみると、原子核は当然出てきます。その名前が別名として神様の名前でもかまわないかもしれません。それはあだ名と思ってください。

古代のカタカムナ人は、カタカムナ相似象を自由自在に使いこなしていました。

カタカムナ人が直観すると、天之御中主神は原子核と呼ばれるものに当たり、原子を構成する中心的なチカラ（目に見えない潜象）となります。

ということは、カタカムナから神々の名前を写して書かれた古事記は、物理学の本だということになります。

私は物理が大好きですが、まさか古事記が物理学書だったとは！　これを読んでいるあなたもびっくりされていると思います。

でも、私の体験から、カタカムナ相似象を学ぶことで、あなたの世界観や宇宙観が素敵にがらりと変わるので、どうぞ読み進めてみてください。

80首あるウタヒのうち、最初の第1〜4首はとても大切なので、第5章で解説していきます。第5、6首には、カタカムナでもっとも大切な日本語の48音を網羅しているので、何度も唱えて覚えてしまいましょう！

この48音にはカタカムナ文字の基本、丸十字と小さな丸、コロと呼ばれる強く振動しているしるしがあります。この基本をこの本を読むことでしっかり理解できるようになれたらと思っています。

カタカムナ相似象は、宇宙のしくみ

では、カタカムナ相似象とは何でしょうか？

カタカムナ相似象とは、とても壮大な「宇宙のしくみ」です。

カタカムナウタヒの解読をした楢崎皐月さんが、後継者として選んだ宇野多美恵さんとともに、1970年に発刊した『相似象』（相似象学会誌）には、相似象のことを次のように表現しています。

「『相似象』とは、天然、宇宙、自然界、人間界を通ずる森羅万象に、相似の象（ヒトツカタ）があるという、カタカムナ（日本上古代民族の直観）に基づく物理であります」

創刊号を読むと、カタカムナ相似象の意味が2つ書かれています。

ひとつは、お互いに似ていること。もうひとつは、いろんな現象の型（パターン）が共通していること。

また一方で、「命のサトリ」を表現しています。

期間限定で光に帰る寿命の日まで、宇宙からお借りしている肉体も、心臓は無休でずっと働いてくれています。そのおかげで、酸素と熱を運ぶための血液が体の隅々まで運ばれています。

カタカムナ相似象を学んだシュタイナーさんによると、心臓は太陽だそうです。愛があふれて、あらゆる命を支えるエネルギーなのです。

偉大な魂さんが決めた寿命の日まで、心臓は太陽と同じように、休むことなく動き続けています。

その寿命も、ベストタイミングにやってきます。今回の人生でたくさんの体験をするほど、魂の波動が高まって、それに響き合う光の世界に行くことができます。とても公平に、しっかりとこの世での体験の量と質が記録されていて、それに響き合う美しい光の世界に行けるのです。

心臓から大地、自然などすべてのエネルギーの働きを、カタカムナ相似象は表現しています。

カタカムナ相似象では、この働きを「電気」と説明しています。宇宙を動かしているのは電気なのです。

命のサトリと性の関係

『相似象』の創刊号には、なんとタブーとされていた性について、「性の交換栄養」として物理的な電気という表現で説明しています。これについては、第4章で解説します。

川ヰさんは、自身が主催している「相似象のセミナー」で、「相似象はとてもエロいです〜」と、クリムトの「接吻」の絵が描かれたワンピースをドーンと着こなしながら説明してくれますが、相似象は命のサトリでもあるので、男女のまぐわいも、物理という電気的な活動として説明できるのです。

たしかに、接吻をすると体に電気が走って、命を生み出そうとするプロセスのスイッチが入ります。大量の電子が流れるのです。

エロスの象徴のクリムトの絵は、相似象そのものかもしれません。赤ん坊を抱いた若い女性と老婆の絵は、「女の生の三段階」というタイトルで、命の流れを表現しています。

大ヒットした『鬼滅の刃』の中にある、鬼退治の柱の煉獄杏寿郎さんが**「老いることも、死ぬことも、人間というはかない生き物の美しさだ。老いるからこそ、死ぬからこそ、たまらなく愛おしく尊いのだ」**という感動的なシーンを思い出します。私はこの場面で号泣しました。命の尊さを深く感じる言霊に反応したのです。命の流れを素晴らしく表現しています。

鬼退治のために亡くなった人々が、また生まれ変わって、人生を楽しんでいるのを漫画の最終回で見てほっとしました。

また、男女が接吻して、まぐわって、命が生まれて、いろんな体験をして、また見えないカムの世界に戻っていきます。

いかがですか？　なんとなく命の流れがわかったような気がしてきましたか？　まだはじまったばかりなので、なんとなくでも大丈夫です。

そのうちに面白いカタカムナ相似象にぐいぐいと引き込まれていきます。

魅力的でなければ、飽きっぽい私がカタカムナに9年間もはまらないです。

ここで楽しいワークをしましょう！　最近、みなさんにお勧めしているシンプルな歌とワークです。

ワーク「宇宙は球」

宇宙は球、宇宙は球、体験するほど丸くなる～
宇宙は球、宇宙は球、
突き抜けたら、天然アマ～アマアマ～

両手で球体を作るしぐさをしながら楽しく歌います。「突き抜けたら」のところで、両手を天に向かって突き上げて、天《アマ》を意識します。

あらゆるものは、空気中にすでに存在している

私たちは、自分の思いで内なる宇宙を常に作り続けています。その宇宙は、自分の思いで作っているので有限の球体です。

カタカムナの図象も、実は2次元の円ではなく、球体です。

宇宙を作っている最小単位のものを、カタカムナ相似象では、「アマ始元量」といいます。素粒子よりも小さな存在で、ミクロの最小単位です。

このアマ始元量は、時間空間量の始元であり、物心現象量の始元でもあります。

アマ始元量が結球すると「タマ」になり、タマがビヨーンと「アメ」になり、球体になると「マリ」になります。

わかりやすい例として、水を思い出してください。水という液体は、氷という固体になるときに、六角形の美しい結晶になります。それは宇宙にすでに存在する神秘図形と表現してもいいかもしれません。

スイスの科学者ハンス・イェンニさんは、粘着性のある液体（コロイド状のもの）に高周波を当てて振動させる実験をしました。すると、美しい魚の骨、珊瑚の芽、渦を巻いた貝殻など、自然界に存在する形が鮮やかに現れてきたのです。びっくりポンです！

すでにいろんな形が空中に存在していたのです。

「はじめに言葉ありき」と聖書に書かれているように、言葉を宇宙に発信すると、空中にある図形が反応して、すぐにこの世に形として現れてくることが証明された画期的な実験でした。

しかもこの実験は、ハンス・イェンニさん以外の誰でも追試できる、科学的な証明として脚光を浴びました。

自然界に存在する形は、見えないカムの世界にすでに潜在的に存在しているのです。そして、音の波によって一時的に姿を現すのです。

しかも、コロイド状という、カタカムナ相似象では大切なキーワードが登場するのでわくわくします。コロイドについては、あとで詳しく解説します。

このようなことがすでに科学的に証明されていることもとても感動的です。

愛そのもののアマ始元量

この宇宙を構成する最小単位のアマ始元量について、もう少し詳しく解説しておきたいと思います。カタカムナ相似象ではとても大切な言葉です。

あなたは「アマ」という音を聞いて、何を思い浮かべますか？

日本語には「天」「海」「海女」「雨」「余」「尼」など、同音異義語がたくさんありますが、**カタカムナ相似象ではこのアマを、「アらゆる物のはじまり」という見方から「アらゆるマ」、アマというコトバの響きを引き出しました。**

すべてのものは、アマからはじまっています。それをアマ始元量といいます。

アマ始元量は肉眼ではもちろん見えませんが、私たちを取り巻く空中にはびっしりと存在しています。実証はできませんが、びっしり密に存在していることを感じることはできます。

私たちは、海《アマ》から命として生まれてきて、死んだら天《アマ》に帰ります。母のお腹の中にも海水と同じ羊水があります。死んだら天国のアマに帰る人もいれば、もっと遠くて懐かしい天の川銀河へ帰る魂もあるかもしれません。アマから生まれ、死んでアマに帰ります。

私には、このアマ始元量が、愛のエッセンスに思えてなりません。

私たちは、愛の微粒子に包まれているのです。愛愛愛愛……と、まるで美空ひばりさんの歌「愛燦燦《さんさん》」のように愛に満たされています。

アマ始元量は、愛そのものなのだと思います。

アマ始元量を感じてみてください。愛に包まれて私たちは生きています。だからアマアマで人生ゆるゆるです。

アマナとカムナを感じる

上古代人は、森羅万象のスガタとして、球《タマ》を引き出しました。上古代人は、「すべては球である」と感じたのです。

感じて受け取ることを「感受」といいますが、上古代人は、この感受がバッチリだったのです。

私たちも日常で「感受性がある」などといいますが、感受性が優れていることは、感じる力があるということです。敏感にいろんなことを感じて、見えないカムの世界からたくさんのことを受け取ることができます。

「アラゆるマ」のアマには、カムが内在していて、見えないカムの世界の「カ」を受け渡し続けています。

「カ」とはチカラのことです。 このチカラである「カ」が、カカカカカカ……と繰り返し積み重なって、何回も繰り返したとき、「何回も」の「ナ」がつなぎ目になります。

ちょっとの差なのですが、これをカムの世界から見ると、「カムナ」であり、アマの側から見ると「アマナ」と呼ばれています。そして、「カムナ」と「アマナ」は、同じ穴《アナ》なのです。

穴はとても大切です。すべての命は穴から生まれてきます。私たちも母の穴、膣口からオギャーと叫びながら、この世に生まれてきています。

川井さんの相似象セミナーのテキストに出てきた表現が、とても魂に響いたので紹介しますね！　難しく感じるかもしれませんが、音の響きの美しさを音読して感じてみてください。

「カム無限界からやってきて、アマの世界にウツシたアマは、現象界のあらゆる『マ』になるのですが、マから分かれた微分量のマリをアマに対して、アメといって、アメは微粒の思念を伴っているのです」

いかがでしょうか？　声に出して読むと、まるで詩を朗読しているかのようです。宇宙の真理は詩のような美しい響きを持っているのかもしれません。

そして、アメを連呼すると、雨の音が心地よく響いてきます。

雨の音で瞑想すると、とても心が穏やかになります。さらに雪を見ると心が静まり、深い瞑想状態になって、自分の魂と対話できる時空を作り上げます。

真球ではないから、地球は動き続けている

アマの本質は、「アマから生まれたすべてのものを守る性質」があります。

まるで母性のようです。

アマは、いつも均等ではなくマの偏りがあります。球《タマ》ではあるのですが、真球ではないのです。だから旋転（マワリ）と循環（メクリ）という正反の動きが生まれます。そして地球のような恒星は、自転公転を続けているのです。

私たちはてっきり、地球は真球だと思い込んできましたが、真球だと回転できず、止まってしまうのだそうです。

「完璧でなくていいのよ～。だから動けるの～」と許されている気分になります。私はじっとしていられない多動なので、動き回っていていいと認められている気分になります。

宇宙では、安定は崩壊につながるのです。

球の本質は、結球性です。自転しながら公転して、もっとも恒久的に安全を保とうとす

る形なのです。これは、アマから受け継いでいる性質でもあるのです。**マが結球してマリとなり、どんどん重なって濃密となり、ココロとして、生命質の細胞や物質の原子の中に入っているのです。**

あらゆるものにはココロがあると思って対話している私には、とても納得です。**すべてのものには意識があり、ココロがあります。**

最近でも、富士山が爆発するといろんな人が予言しているので、富士山に聞いてみました。すると、「そんな予定はない」という嬉しい答えをもらいました。富士山にもココロがあるのです。すべての存在には、ココロがあります。みんなでココロコロコロのワークをしましょう！

ワーク

ココロコロコロワーク

ココロコロコロ、ココロコロ、コロコロころがり、タマになる
ココロコロコロ、可愛いね、コロコロころがり、タマになる
ココロコロコロ、ココロコロ、思いをこめて、宇宙にチュ～

ココロコロコロと歌いながら、両手でイメージしてタマを作りましょう。

コロコロしたものは、とても可愛く感じます。私も小さくてよくコロがっているので、可愛いとよくいってもらえてとてもお得です。

コロが重なったのが「思い」です。そして、ココロはアマの微粒子なのです。

カタとカムでカタカムナ

歌舞伎などすべての芸事では、まず「型」を学ぶのが大切だと聞いています。その型というのが、目に見える世界の「カタ」です。

カタとは、現象界のこと。そして片方のカタ。「カタ」には、見ている世界がすべてではないということも意味しています。「実は見えないカムの世界が隠れていますよ〜」という意味も含まれています。なんていちいち奥が深いのでしょう！

そして、カムが潜象界、つまり象（カタチ）がなく、目に見えない世界のことです。

そして、「ナ」がこの「カタ」と「カム」をつなぐもの。つまり存在の内外に潜在する支配主さんです。

物質という立体のパターンがこの物質世界に現れたときに、「カタ」「カム」「ナ」という法則がセットされます。

このカタカムナという法則が、とても面白いのです。

見えるカタの世界と、見えないカムの世界がつながり、交流しているのです。

カタは、明らかに肉眼でも見える世界です。

カムは、まったく肉眼では見えない世界です。

カム、アマ、カタの3重構造です。

歌舞伎でもカタ（型）を身につけるためには、何度も何度もお稽古が必要です。この「何度も」を表す「ナ」は、諦めずに努力を続けることで、カタをしっかりと身につけることができます。

つまり、見えないカムの世界から、カカカカカ……ママママ……アマアマアマアマアマ……とうつされて、ミミミミミ……となり、そしてカタという見える世界になるのです。「何度も繰り返すことでカタになる」という宇宙のしくみは、あなたのお稽古事からも身近に感じることができます。

型は魂に刻まれる

踊りは、どんな踊りもそれぞれに型（カタ）があります。まずは先生から型を習って、何度も繰り返して（ナ）、身（ミ）につけて熟練すると、自分らしさを加えて、自分ならではの味を出していくのです。

すべてのことは、型を学ぶところからはじまるのです。

私も沖縄に移住してから、恩納村のカルチャーセンターで、フラメンコとベリーダンスを習ったことがあります。

フラメンコは型を身につけて、なんとかみんなと一緒に踊れるようになりました。ただ、衣装の赤と黒が苦手で、ピンクのドレスを作って着たので目立ってしまいました。さらに、ニコニコ笑いながら踊ってしまいました。でも「あのピンクの人がニコニコ笑っていて、とてもよかった」という感想をもらって、「これからは、フラメンコも笑って踊りましょう！」と、先生がそれまでのフラメンコの型を変えるきっかけになってしまいました。

ベリーダンスのときは、音楽がない状態では理性が働いて、先生の型をちゃんと覚えようとするのですが、音楽が鳴り出すと、つい音楽に合わせて体が自然に動いてしまうという、困った問題が出てきました。まさに型破りです。たくさんのアマ始元量が集まってきて、自分の宇宙の中の型があふれ出てしまうのです。

自然体で生きている私にとっては、とても難しい状況になりました。

それでも先生は笑いながら理解してくださって、何かのパーティで踊るチャンスがあったとき、「中心に立って好きなように踊りなさい。そういう演出に見えるから」と真ん中で踊らせてくれました。

きっと過去生にエジプトやアラブ時代があって、そのときの踊り子の体験が才能として花開いたのかもしれません。

繰り返し体験して学んだものは、才能として、自分が慣れ親しんだ型として魂の歴史に残ります。そして今生で再びスイッチが入って、その才能が花開き、早く習得できるようになります。それだけでなく、いろんな体験で得た感覚でもっと質の高いものを生み出すことができます。

この世には「型」があること。そして、その型もいずれは誰かによって、変わってくることを体験から感じました。

型破りな人は、もしかしたら、昔その型をすでに知っていて、それを変えたくて、またその型に出会うのかもしれません。

「私」の「特異点」をどこに置くかで宇宙が変わる

私たちにとって、宇宙は広大無限のイメージがありますが、自分の思いで作っている内なる宇宙は、人それぞれ個性的でユニークです。人の数だけ宇宙があると思っていいくらいです。

１３６億年前に、外側の宇宙はビッグバンという現象で大きく爆発して、個々の魂に分散したということになっています。

個という私たちの存在は、宇宙が「自分」を探求する個としての意思となり、虹の七色をすべての個が持つことで、創造性の特質をそのまま保持し、好きなように宇宙を創造しながら広大な旅を続けています。

私は何度も自著で、「私たちは、光の世界からやってきた」と解説しています。

ただ光っているだけでは退屈になったので、思いで創造できるこの世に次元を下げて、次元下降（ディセンション）してきているのです。

天の川銀河の中の太陽系の地球の地表という3次元の「この世」で、自分が体験したいことを「思い」で作り上げ、堪能している真っ最中です。

それをカタカムナ相似象では、どのように捉えられるでしょうか？

「私」という個が生まれたことは、宇宙に星が誕生したことと相似になります。

ビッグバン現象は、ギュウ～ッと収縮が起きて、小さな1点に世界のすべてが集約され、とても小さいのに密度が大きいことを表しています。これがカタカムナ相似象でいう「特異点」です。

カタカムナ相似象では、この特異点をどこに置くかがとても大切になってきます。

誰かを崇拝するなどして、自分の中心を自分ではない誰かに特異点を置くと、その人の宇宙に飲み込まれます。その人の宇宙をしっかり感じたいときには素晴らしい体験ができますが、自分の思いと違ってきたとき、特異点を自分に戻す必要があります。

もう十分にその人の宇宙を感じたと思ったら、自分に戻ってくればいいのです。

今というこの一瞬に、自分の特異点をどこに置くかで、体験する宇宙が変わります。自分が体験したいものを引き寄せています。

私たちという「個」は小さな存在ですが、創造主と同じ創造性を持っていることで、自分の中に自由に宇宙を作れるのです。

小さな存在に思える自分の存在は、ビッグバン現象と見事に相似しています。私たち一人ひとりの意識、思いで、いくらでも宇宙を作り出せるのです。

今こそカタカムナ相似象が必要なわけ

よく、仏像や絵が指を上に向けていますが、どこを指しているのかというと、地球がつながっている「天の川銀河の中心」です。

天の川銀河には、約１０００億個の恒星が含まれているといわれています。

びっくりの数の星があるのですね！

この想像を超えた巨大な星の渦が、大きく回転しています。すべての星が自転・公転をしています。

川井さんの「相似象セミナー」で「地球はなぜ自転・公転しているのですか?」と聞かれたときに、私は思わず「地球がそうしたかったから」と答えてしまいました。でも、ちゃんと本人（本惑星）に確認しなくてはと思い、すべてのものと対話してしまう習慣がある私は、その夜、なぜ回転しているのかを、地球の意識のテラに直接インタビューしてみました。

「なぜ地球は自転・公転しているの？」

「そんなこと聞かれたことがないわ。でもそうね、まず美しいから。あふれる愛でたくさんの命を育みたいから。そして、天の川銀河とつながっていたいから、かしら？」と丁寧に3つ答えてくれました。

地球は不思議な惑星で、太陽系に属していて、太陽の周りを回っていながら、独自に「天の川銀河の中心」ともつながって回っているのです。

そのために、2万6000年周期で地球は地軸が1周するほどの大変動を繰り返しています。これは歳差運動の結果です。

そしてまさに今がそのときのため、新型コロナウイルス感染という地球規模の大きなリセットが起きています。

地球上に文明が生まれてから、今回が7回目の周期ですが、6回目まではせっかくできた文明が壊れるほどの天変地異がありました。

しかし、7回目の今回は、文明を壊さずにほぼ温存して乗り越えるという素晴らしいシナリオになっているそうです。まさに〝ラッキー7〟ですね！

カタカムナ相似象では、「ナナヨツギ」といって、「7」は「3」と「4」の永遠循環を表しています。

私たちの人生も7年周期があると、シュタイナーさんが教えてくれています。

7回目の奇跡を地球で体験できるという、そんな貴重なタイミングに、今私たちが地球に生きているのはとてもラッキーなことです。そしてカタカムナ相似象が世に出るのも、これまたとても上等なことなのです。

風の時代から黄金の時代へ

「風の時代」に重なって、2020年の11月3日に始まった「黄金時代」の流れもあります。

「黄金時代」とは、すべてのものが黄金のように輝いて、平和なユートピアの世界になることです。そのハイライトが、なんと2030年頃だと、いろんなスピリチュアルリーダーたちが予言しています。

瞑想で覚醒された上《う》江《え》洲《ず》義秀先生も、地球がその頃に平和になるイメージを、3回も神から見せてもらったと「光話会」でおっしゃっていたので楽しく信じています。

この本を読んでいるみなさんも、そのハイライトを見ることができます。

わくわくしてきませんか?

ここまで書いているうちに、自分の両手の平を見たら、びっしりと金粉が湧いてきて、きらきらに輝いています。びっくりです! あなたも手を見てください。金粉が出ていませんか?

私たちは、魂が喜ぶと体から金粉が出てくるしくみになっています。この現象は、物理的にいうと「原子転換」です。

お寺の金色の仏像は、悟った魂が喜びにあふれて、全身から金粉が出ている状態を見せてくれているのです。魂が喜ぶと、さらに金色の光を見ることができます。

お腹にいる幼心(本音でありインナーチャイルド)がとても喜んでいるとき、黄色の光線がピカーとあふれ出てきます。

魂が喜ぶときは、ハートの奥からゴールドの光があふれてきます。さらに第3の目の松《しょう》果体《かたい》からも、頭頂部からゴールドの光があふれ出ます。

最近のクリニックのケースで、普段それほど霊的なものが見えない女性の患者さんが、「わー、金色の光が見えます。これは何でしょう？」と診療中に感動していました。そのままハンドヒーリングとヴォイスヒーリングをしたら、金龍と七福神が宝船に乗ってドーンと出てきました。なんてめでたいイメージなのでしょう！

彼女の前に診療した女性が、平安時代の陰陽師と広島の原爆体験からの解放という重い過去生のイメージだったので、私自身もとても癒され、金龍と七福神で一気に波動が高まりました。黄金時代のイメージとして、ぴったりの内容でした。

本当にこれからどんどんユートピアへのプロセスが進んで、黄金時代に向かってまっしぐらです。

みんなで歌って踊って、魂の喜びで全身から金粉を出しながら、地球をユートピアにしてきましょう！

コラム

カタカムナとは、エネルギーの法則

川井亜哉子

天才物理学者が解き明かした宇宙のしくみ

カタカムナ相似象のウタヒ80首を解読し、「音」に変換したのは天才物理学者、楢崎皐月先生でした。

彼は1948年頃から大地の電位分布の実測調査を、全国で展開していました。たとえば、鉄は同じ材料、製法、工程で製造しても、いい鉄ができたり、質の悪い「す」の入った鉄ができたりします。この違いは、大地の持つ電位の差によるものだとして、電位差が大きく元気な土地を各地で調査して回っていたのです。

あるとき、兵庫県・六甲山の金鳥山で調査をしていたところ、平十字《ひらとうじ》という猟師ふうの男性に出会い、カタカムナ神社の御神体として伝えられている巻物を見せられました。その巻物にカタカムナウタヒの図象が描かれており、これが楢崎先生とカタカムナ相似象との出会いとなりました。

戦時中、楢崎先生が満州に赴任されていたときに出会った老子教の蘆《ら》有《う》三《さん》道士に見せられた八鏡文字と、平十字に見せてもらったものはとてもよく似ていました。蘆有三道士からは、中国の文明よりずっとずっと古い文明が日本にあり、八鏡文字は日本からきたものだと聞いていました。楢崎先生は、巻物の図象は蘆有三道士の話していた八鏡文字ではないかと思い、そこに書かれた図を大学ノートに書き写し、その解読に生涯を捧げました。

楢崎先生が研究をはじめたカタカムナウタヒは、今でこそ図象に一音一音が当てられていますが、当時は音がつけられていないただの図でした。中心に何らかの大きな図象があり、その周りにだいたい30～31個ぐらいの小さな図象が渦を巻くように描かれています。そのようなものが80個もあったわけです。

この図象に一つひとつの音を振り当てるのは並大抵のことではなかったと思いますが、それをなし得ることができたのは、楢崎先生が電気物理技術研究家であり、それも天才電気物理学者だったからこそだといわれています。

カタカムナウタヒは、宇宙の法則を表していますが、捉えにくい生命のはじまりや、この世界を動かしているものは道徳観や宗教観ではなく、電気・磁気・チカラという、つまり「エネルギー」であり「波動」であると見立てたのは、まさに楢崎先生だったからこそ行きついた結論だと思います。

エネルギーや波動を物理学的に捉えていくと難解になりますが、カタカムナウタヒ80首では、それを端的に表し、宇宙のしくみを知ることができるようになっています。

あらゆる間に存在しているアマ始元量

カタカムナ相似象の世界観で大切なもののひとつは「アマ」、アらゆるマ、つまり「あらゆる間」のことです。

カムに存在しているものは「カ」でしたが、アマに存在しているものは「アマ始元量」という、すべての物質をつくり上げるモノです。

潜象のチカラだけの「カ」が密度を増すことで、最初に現れ出てきたものがアマ始元量です。

そしてアマ始元量が充満した場所のことを「アマ」と呼んでいます。

カムからアマ始元量が現れる姿も、アマ始元量が現象に出る姿も、渦巻きの状態であることを伝えるために、ウタヒは渦巻き状に書かれているのではないかと思います。

赤ちゃんがお母さんのお腹の中から旋回して出てくることや、地球が太陽の周りを旋回していること、太陽系は天の川銀河の周りを旋回していることなどは、その相似形です。

「何にでもなる何か」を表した「ミクマリ図象」――〇

渦巻き図象の中心に書いてある図象を「中心図象」と呼んでいます。中心図象は3種類ありますが、一つひとつに大切な理（物理法則）があります。

簡単にいえば、80のウタヒは3種類の理によって大きく分類されているわけです。

そのひとつは「ミクマリ図象」といわれるもので、第1首の中心に置かれています。

ミクマリとは「水分」のことです。日本には「水分《みくまり》神社」がいくつもありますが、大抵は水の配分を司る神社であるといわれています。これをカタカムナ相似象的に解釈しますと、「ミ」という「実体・実相」と捉えているものが、クマっている状態であることを示しています。クマルとは籠《こも》っている状態のことです。水には液体・固体・気体・コロイドと4相あって、それらが渾然一体となっているわけですが、活性化していると些細な刺激で、液体・固体・気体・コロイドと様々に変化します。

水というと、当然液体の水が「水」ですので、誤解や矛盾が生じますが、本来、水は「ミヅ」です。「ミ」（実体・実相）が「ツ」（様々なバリエーション）で出てくることを「ミヅ」といっているのです。

つまり、様々なバリエーションが籠っていて、ささいな刺激で何にでもなるもと、それがミクマリの本性なのです。前述の大地電位が高い場所が、ミクマリを起こすひとつの要因となります。

そのような場所に行くと、物体のコリカタまったミが分解され、違うものに変化することを示しているのかもしれません。もしくは、クマって（籠って）いるものが確固たるミに変化することもあるのかもしれません。

どちらにしても、いろんなものが生まれ出るのを待っていることを示しています。これを「何にでもなる何か」といいます。ですから水分神社はエネルギーが高く、活性化している場所を示しているような気がします。

大切なのは、4つの性質がクマる（籠る）ことで「球」になっていることです。平面に書かれた円なのではなく、シャボン玉のような球をイメージしてください。

しかも、ウタヒ自体も中心から渦巻き方向に、たくさんの球になった図象が現れ出ている様を思い浮かべていただけたらと思います。

ミクマリ図象を中心においているウタヒの第1首と第15首は、「ミ（本質）がクマる（籠る）」という本質を表したウタヒとなります。

生まれ出るものは、まず籠ります。第1首と第15首は、クマっているものが生まれ出てくることを伝えているウタヒであるといえます。

時間と空間のしくみを表した「フトマニ図象」——

2つ目の中心図象は「フトマニ図象」です。
これは、見えない世界と見える世界がしっかりと組み合わさり、現象が生まれることを示しています。
2つの世界が「フト」することで、時空間を作るのです。たとえば、私たちの脳が何か電気信号を受け取り、閃《ひらめ》きが起こったときに使う言葉で「ふと、思った」

「ふと、気になった」などいいますが、その瞬間は別の時空間が生まれているのです。

カタカムナが「時空論」だといわれるのも、潜象と現象で時空が生まれていることがベースになっているからです。

フトマニ図はミクマリ図象の中に十字と、その十字を結んだ４本の弦でできています。

見えないカムの世界から、現象と潜象を結ぶアマの世界が立ち上がります。これが前述のミクマリです。十字の縦軸は、天からやってくるエネルギーのことを表し、「カムウツシ線」といっています。横軸は地上の世界を表す地界線で「アマウツシ線」といっています。

カムウツシが心であり精神、アマウツシが肉体であり物質、潜象と現象がしっかりと結びつくと十字が生まれます。

４本の弦はアマの世界と現象のカタの世界を分ける線ですが、この線が、見える世界と見えない世界の両方を持っていることを表しています。

つまり、見えない世界はどこか遠い異空間にあるのではなく、しっかりと現象の世界にくっついているのを示しているのです。たとえば、表面だけの紙がないように、表が存在すれば必ず裏が存在するということです。

このような意味を持つ図象は、世界のあちこちで見られます。神社にある狛犬がふんでいるマリや、フラワーオブライフの神聖幾何学や、古代マヤが使ってきた暦の中や、その土地にもとからあったネイティブなものの中に、フトマニ図象と同じような意味を持つものが山のように存在します。

また、この図象は立体で示されるときには「正四面体」を表しています。

プラトン立体という多面体がありますが、多面体とはすべての面が同一で出来上がっていて、正四面体・正六面体・正八面体・正十二面体、正二十面体と５種類しか存在しません。

その５つは、根源的な４大元素である、火・土・風・水、そしてエーテルを加えた５つの元素が当てはまるといわれています。これらのバランスが崩れると災いが起きると考えられていたので、それらを「神の作った完璧な立体」と呼んでいます。

その中でも、面から立体となるものは「正四面体」で、「火」を表しているといわれています。火というと、燃え盛る火を想像すると思いますが、「ヒカリ」

であり、現象のはじまりを表す「ヒフミ」の「ヒ」につながります。

フトマニ図を立体で捉えると正四面体を表しているといいましたが、それは2つの世界が組み合わさることによる、現象のはじまりを示していることになります。2つの世界が合わさって（フトマニして）、正四面体構造が出来上がり、重なり合った部分にできたのが「空間」です。

そのような内容のウタヒにはこの図象が位置します。80首のウタヒの中で7つのウタヒの中心に置かれています。

循環と還元を表した「ヤタノカカミ図象」—— 

3つ目は「ヤタノカカミ図象」です。正式名称は「カタカムナ図象」と呼ばれています。この図象が持つ意味は、すべての事象や出来事は渦巻き状で見える世界に誕生し、見えない世界へと還元される、つまり循環し還元することを表しています。
ここで少しカタカムナ相似象を遺してくれた上古代人と、ヤタノカカミについてお話をしたいと思います。

上古代は大和朝廷成立よりずっと前の時代で、いってみれば古事記の神代の時代以前ということになります。それは縄文時代といわれる時代配分ですが、縄文人がカタカムナ人だと確信する材料は存在しません。しかし、渦巻き模様をふんだんに描いた縄文土器や土偶にカタカムナが表れ出ている感じもありますから、まったく違うともいえないところです。日本各地に太陽や月、星の動きに合わせて巨石を配置したり、柱を立てたりしているところもあるので、縄文人はカタカムナ相似象という宇宙の真理を理解していたのではないかと思われます。

縄文時代は１万６０００年±１００年前だといわれていますが、カタカムナでは、この頃すでにヤタノカカミという錆びない鉄があったといわれているのですから驚きです。日本の鉄の歴史がはじまるのは、縄文時代の終わり頃から弥生時代のはじまりだとされています。それさえも、大陸から入ってきた鉄を使っていたとされ、日本で製鉄の跡が見られるのはさらに時代が進んでからになります。

鉄の歴史をアカデミズムから考えると、錆びない鉄で作ったヤタノカカミは存在し得ないものと捉えられてしまいますが、古代のインドには錆びない鉄の柱が残されているともいいますから、今の歴史認識をはるかに超えた驚きの時代が存在していたことが、そのうちに明らかになるかもしれません。

カタカムナ人は、宇宙の響き（命のサトリ）を鉄製のヤタノカカミを使って、子どもたちに教えていたといいます。その様子は『サウンド・オブ・ミュージック』のワンシーンのように、青空の下の学校を彷彿とさせて心が温かくなります。

またヤタノカカミ図象は、48の声の音をひとつにしたものです。つまりこの図象から、48の声の音、サトリをつくりました。

鏡という言葉は、すべてのものの規範となり、すべてのもののカガミになるものという意味も持っています。またカガミですから、現象と潜象は「カガミウツシ」の状態になっていることも重ねて伝えています。

カムの世界（潜象世界）に満ちているカというものがフトマニし、アマ始元量としてヒで生まれ、ヒフミヨイ……と巡り、ヤ（8）の部分で、潜象世界に還元し、見えない世界へと消えていくという、循環し還元していくアマ始元量の本質を示した図象といえます。

また、このカタカムナ図象は、数のサトリを表しています。数（カツ）とは潜象に充満しているカが、アマ始元量となり、ツ（様々なバリエーションで出てきている）していることを示しています。

ヒトツ・フタツ・ミッツ・ヨッツ・イツツ・ムッツ・ナナツ・ヤッツ・ココノツのように、ツが最後につくものがカのツ、つまり「数」です。カタカムナ相似象において、数は1〜9までしか存在しません。

たとえば、1の部分に小円がくるヒの図象には「始まり」の思念があるように、すべてのポイントに「カ」のサトリが存在しています。見えない世界に満ちているカというエネルギーのようなものの働きは、循環から還元の中で、どのように進化しているのかを表しています。段階としては、1から9という循環の働きが存在するということになります。

31ページの図象には「ココノツ」はありませんが、声音符でみると、コ（9）は、ヤ（8）とヒ（1）の隣り合わせに小円がついている特殊なものになります。これは「8＋1＝9」ということを表し、グルグルと回り循環していることを伝えているのです。1周回ってヤ（8）で潜象に至ったものは、次

のヒ（1）に出てくることを表しています。そして、ヤとヒがくっつくことで球になり、その球は螺旋を描いて進んでいくことを表しています。

カタカムナ人は、すべてのモノは球《タマ》からはじまっているとしていて、タマの概念をとても大切にしています。ヤ（8）がヒ（1）とつながり、コ（9）、つまり球となるのです。この図象も立体として捉えるとわかりやすくなると思います。

世界中で見られるカタカムナ相似象

このようにすべては変遷し、循環して様々なことが起きているというコトを伝えているのが、カタカムナ図象です。

昔、ネイティブアメリカンのホピの村で、様々な場所の壁に描かれた岩絵を見せていただきました。その中でいちばん多かったものが、渦巻き模様でした。それは人生のサイクルや再生を表していると、ホピの方がいっていたことが印象に残っています。

また、ネイティブアメリカンが大事にしているメディスンホイールである十字象も、誕生から青年になって熟年期を終え、晩年を迎え、死という見えない世界に還元していく。そしてまた誕生するのだと教えてもらいました。カタカムナ相似象の十字象と同じ、循環と還元の世界がその中に存在しています。

それらは東西南北を表し、さらに天上と地上を結ぶものでした。カタカムナ相似象と同様に、ここにも時空の概念が存在しています。

森羅万象はたった一つの小さな渦から生まれ、そして渦の中に還っていくといわれていますから、日本の縄文だけではなく、古代のネイティブアメリカンたちは地球のあちこちで同じ哲科学に基づいて生きていたのではないかと思われます。

図象はとてもシンプルで、すべてがこの回転で、見える世界に誕生し、見えない世界へと還元していくスガタが表されています。

ヤタノカカミ図象は、80のウタヒの中で71のウタヒの中心に置かれているだけあって、ここですべてをお伝えすることはできません。まだまだたくさんのサトリが重合して存在している、とても深い意味のある図象です。

すべての図象は球体を成し、関係し合ってつながっている

ここまでにウタヒの中心図象について説明しましたが、ウタヒは中心図象を中

心にして、「声音符」と「図象符」が渦巻き状に螺旋を描いています。お伝えしてきたように、声音というのは、私たち日本人が発声している声の音を図象にしたもので、それぞれの音はエネルギーの働きを生むチカラが存在していることを表しています。

もうひとつの図象符というのは、声音符を重ねて作った図象です。たとえば「コトバ」という言葉は、「コ」（）、「ト」（）、「ハ」（）、という声音符を重ね合わせて図象符（）を作っています。

ウタヒは、中心図象と声音符、図象符の3つでできています。

繰り返しますが、大事なのは、タマ（球）をイメージできるかということです。カタカムナ相似象を捉えるには、真理を立体的に立ち上げられるかどうかにつきます。たった80のウタヒのみで宇宙を伝えているのですから、少ない部分に情報量がふんだんに盛り込まれています。

それに気づけるよう脳波にスイッチを入れるためには、図象が球体であり、一つひとつのウタヒも球体を成し、それらはつながり合って関係性を持っていることを体感的に知ることが大切なのです。

その感覚をなくしてしまうであろう未来の私たちのために、カタカムナ人はウタヒとして遺してくれたのではないかと、私は思っています。

つまり、ウタヒは脳のシステムを宇宙と同期させるツールだということになります。難しいと感じるのは、カタカムナ人と脳波のシステムが違うからです。自分がカタカムナヒビキになることで、少しずつチューニングは合っていくのです。

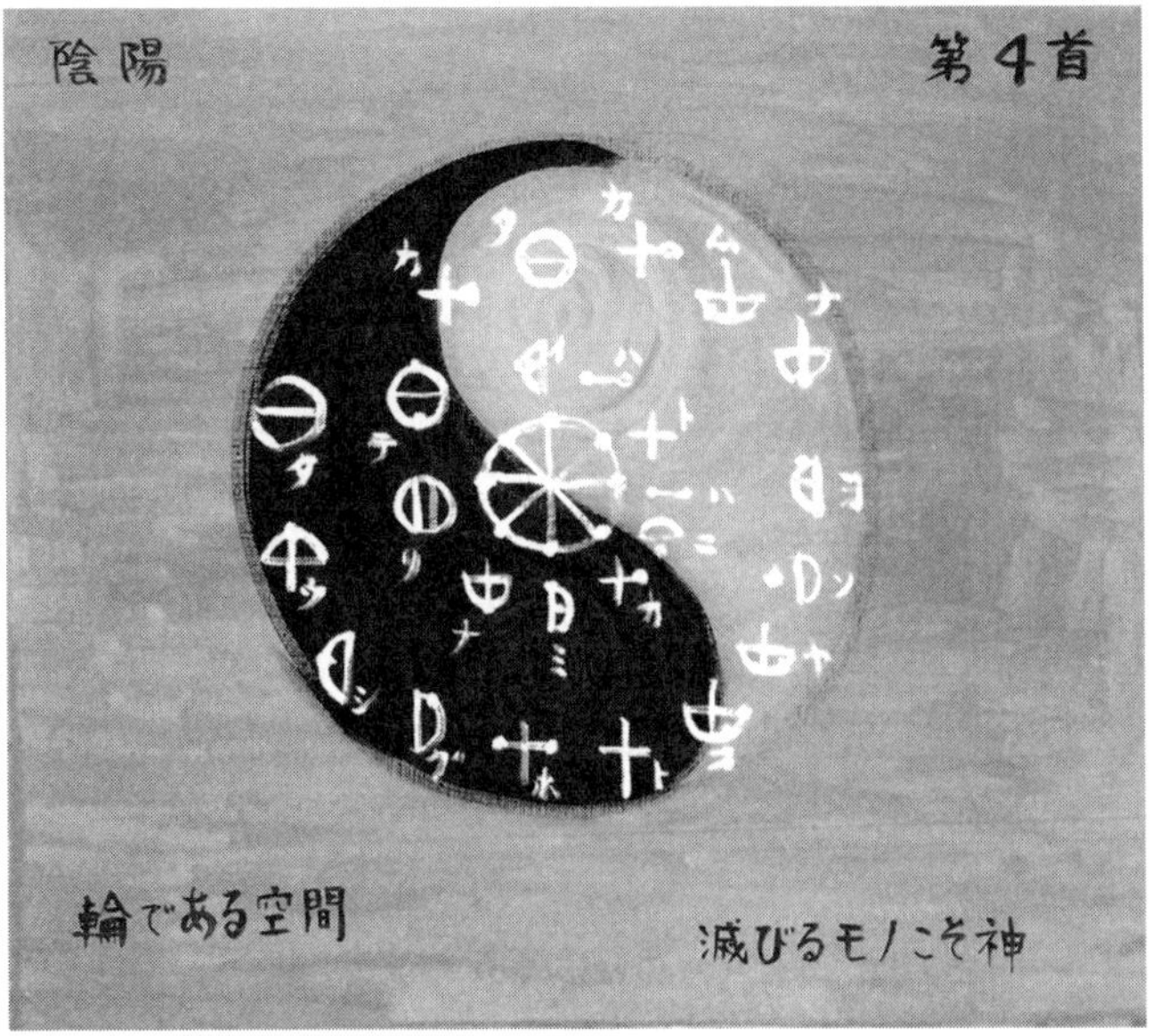

第2章
日常生活に潜むカタカムナ

美しくシンプルなカタカムナ文字

日本語のカタカナは、ちょうどカタカムナの48声音「ヒフミヨイ……」にすべての音が含まれています。ですから、どんな外国語の音も、カタカナで表現できる便利さがあります。

日常でもカタカナの表記を増やすと、シンプルに音（振動）として直観がさらに冴えてきます。

日記をつけている方は、試しに日記をカタカナで書いてみませんか？　まるで電報のように、文が簡潔に短くなってパワフルになります。

カタカムナウタヒ80首の中に、48の声音符と１２０個の図象符がまとめられています。

最近よく聞かれる数霊も、「ヒフミヨイ、ムナヤコ」の1～9までが基本で、「ト」で統合されます。

量子物理学では「観察者がいないと、この宇宙は存在しない」といわれていますが、観察者とは私であり、創造主でもあります。

カタカムナ相似象では、観察者の目は、「ヒフミヨイ」の「イ」の位置に当たります。

体で感じるには、日（ヒ）が出る東（ヒガシ）は、左手（ヒダリテ）のほうです。日（ヒ）が入る西は、右手のほうです。後ろが北になります。右手の平の真ん中、それが観察者の目です。この「イ」の位置から、私たちは宇宙を見ています。

すべてのものは、「イ」と反対側の「ヒ」から左回りではじまります。

「フ」はまだ見えない潜象世界です。「ミ」からやっと実体を表し、感覚的に捉えることができはじめます。

次の「ヨ」は、黄泉《よみ》の世界の「ヨ」です。霊的に敏感な人は、この霊的な世界（4次元の世界）がうっすらと見えます。

そして、「イ」の場所で、やっと観察者の目と合わさり、普通の人でも肉眼で見えるようになります。

いよいよ第2章では48音すべてを解説していきます。カタカムナ文字を見て、書いて、宇宙のしくみのカタカムナ相似象を日常生活から探していきましょう！

さあ、カタカムナを感じましょう！

カタカムナウタヒの渦巻きを見ると、暗号のように見えます。丸十字の記号が、実は素晴らしい宇宙のしくみを表現しています。この本を読み終わるまでには、48音のカタカムナ文字を自然にすべて覚えられるように、いろんなワークを紹介しながら案内していきたいと思います。

カタカムナの48文字は、カタカムナウタヒの第5首と第6首に登場します。第5首と第6首を続けて声に出して、音の響きを味わってみてください。これはカタカムナ相似象の基本パターンで、宇宙天然の物理（サトリ）を表しています。

カタカムナ文字を見ていると、大円、小円（コロ）、半円、四半円、縦軸、横軸という、6つの要素があります。

大円は、ワと発音されて、タマ（球）を表しています。

現代人は、「タマ（球）感覚」をなくしてしまっていますが、**タマとはすべてのもののもとにあるもので、アマ始元量というとても小さな粒子です。**

宇宙も地球も細胞も、すべてこのアマ始元量と相似形になっています。

相似象の声音符に触れることで、タマ（球）感覚が蘇ってきます。頭で理解するだけでなく、体感することが大切です。

小円（コロ）にアマ始元量が色濃く集まっていて、強く振動しています。

半円はトキ軸、トコロ軸で分離したものです。

縦軸はトキ軸を、横軸はトコロ軸を表しています。

四半円は、現象に強く関係しているものです。

48音のカタカムナ文字を見ていると、何となく規則的なのがわかりますか？　ここから48音の一つひとつを丁寧に感じていきたいと思います。

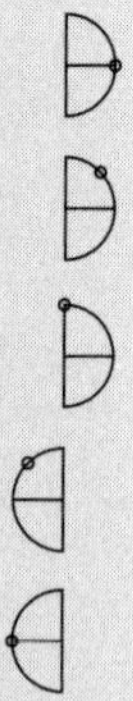

ヒフミヨイ

ヒ

すべてのはじまりで、「ひとつ」の「ヒ」です。すべてのもとでもあります。

ヒがつく日本語は、「日」「火」「東」「左」「瞳」「光」「姫」「人」「響き」「ヒマワリ」「雛」「必要」「ひつまぶし」（ウナギの料理で美味しい！）、などがあります。

気になる言葉を選んで、カタカムナ文字を書いてみましょう！

フ

ヒが2つになるとフになります。「ふたつ」の「フ」です。**「増える」「ふと思う」のフでもあります。**

フがつく日本語は、「文」「富士」「布団」「双子」「襖」「不思議」「船」「風鈴」「不安」「不動心」「風景」（ちょうど『空海の風景』という動画を見たばかりです）などがあります。最後に苦手な言葉、「太る」を足しておきます。

ミ

ヒが3つになるとミになります。みっつのミです。**まだ肉眼では見えませんが実体になっていて、消えにくくなっています。**

ミがつく言葉は、「水」「味噌汁」「弥勒」「密教」「ミカン」「緑」「蜜蜂」「秘密」（自著『波動の秘密』（徳間書店）が売れていて嬉しいです）、「実になる」「身につく」「三位一体」などがあります。

ヨ

ヒが4つになると、ヨになります。よっつのヨです。**4相が混じり合って混沌としたコロイド状態です。「何にでもなれる何か」です。**幸せを呼ぶので、私たちは無意識に四葉のクローバーを探したくなります。

ヨのつく言葉は、「喜び」「読む」「予感」「夜」「黄泉」「欲」「余暇」「世継ぎ」などです。

イ

ヒが5つになると、イになります。いつつのイです。ヒが2つのフになり、3つになって3つ子のマリがトキを経て、現象の最小粒子「イ」「イカツ」となる順序を示しています。

ここで現象化してカタ（型）になります。そしてここが観察者の目の位置です。「イちにイる」のです。私も結婚して「伊地」になりました。「奥の越智」から「見える伊地」に出てきたのです。

イのつく言葉は、「今」「意味」「意志」「色」「命」「生きる」「行く」「家」「イカ」「イシス」「いろいろ」「色っぽい」「石」「医師」「医学」「生き甲斐」などです。

また日が西に沈むことを日の入りといい、日本西端部の西表島も「イリオモテジマ」です。

ヒフミヨイの半円、5つのカタカムナ文字を、何度も書いて覚えてしまいましょう！

小円（コロ）の位置が右から左に移動するだけです。

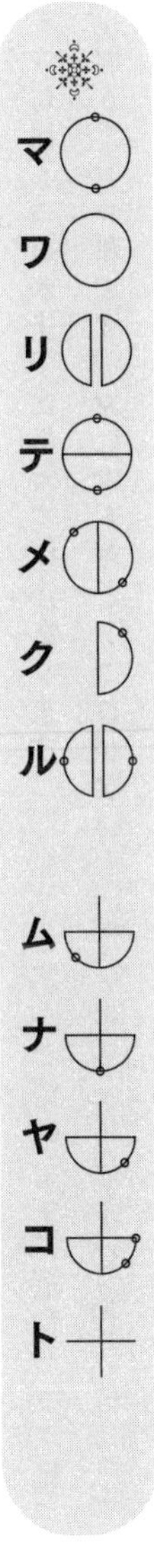

さぁ、次から大円が登場です。大円（大きな輪）、大きなワ、大きな和、大和（やまと）人？　ナイチャー？（本土の人）、いえいえウチナー（沖縄人）……と連想ゲームです。私が東京から沖縄に移住して22年経ちます。ナイチャーからウチナーになってこの本を書いているのも不思議な流れです。

沖縄という地名には、縄文時代の「縄」が入っています。とてもカタカムナを感じます。沖縄は、オキナワだと思っていたら、川井さんから「実は、旧仮名遣いでは、オキナハです。だから那覇《なは》というんですよ！」とびっくりの指摘がありました。ずっと自分のセミナーで、「大きな輪になりましょう！　沖縄で〜す」とギャグをいってきましたがギャフンです。

カタカムナ相似象ではこのように思いがけない真実を知ることができます。

縄文時代は、地球では珍しく1万2000年も平和が続いた時代で、実は高度な文明が築かれていたそうです。古事記によると、スメラミコト（天皇）が、アマの浮舟（宇宙船）に乗って地球全土を飛び回り統治していたそうです。

次に長く続いた平和な時代は江戸時代です。266年と短いのですが、それでもほかの国に比べたら、とても長いほうです。

日本の「本」という字は、本当は「夲」と書きます。変換文字にも出てきません。これはGHQが日本をパワーダウンさせるために変えてしまいましたが、2つも平和な時代が日本にあるのは誇りです。

これからカタカムナ相似象が表に出てくることで、本来の日本のパワーも表に出てきて、地球のユートピアを現実化していくと思います。

さぁ、カタカムナに戻りましょう！

マ

マには、コロが上下にあって極があります。そして十字がないのです。縦軸がトキ軸で、横軸がトコロ軸です。**マにはトキとトコロがない！**　時空間の区別がないのです。

マは、カムから来た見えない最小の粒です。**すべてのモノを創り出す「素」となるもの**

です。真空のマです。

外からの大きな刺激によって、様々なものに変遷していきます。

日本の文化は、間の文化といわれている通り、「間がいい」「間に合う」「真に受ける」「魔がさす」「待つ」など、マのつく言葉がたくさんあります。

ほかにも「マスク」「マリ」「マニキュア」「マッサージ」「マンゴー」「マーマレード」などがあります。

そして「漫画」はそれ自体がとても宇宙的です。宇宙ものの漫画も多いですが、漫画には予言的な要素が満載で、最近特にびっくりしています。

東日本大震災の3・11は、『ワンピース』という漫画が予言しました。また、2020年東京オリンピックのことを、38年も前の漫画『AKIRA』で予言されていてびっくりしています。

新型コロナウイルスの影響で、世界中の人々がマスクをする日常になりましたが、その様子は『風の谷のナウシカ』と似ています。しかも「風の時代」です。

『もののけ姫』『となりのトトロ』『風立ちぬ』などの作品の中に、カタカムナの要素がふんだんに入っています。これについては第3章で詳しく解説しましょう。

「漫画家」をカタカムナで読み解くと、濁音はその音を繰り返すので「マンカカカ」となります。宇宙の根源の要素「カ」が3つもあります。これは、見えないカムの世界としっかりつながっているということで、とてもスピリチュアルです。だから予言的な表現ができるのかもしれません。

◯ワ

ワは、ズバリの大円です。**調和の和です。総合や全体性を表す言葉です。古武道が目指すところです。**

ワのつく日本語は、「ワタシ」「輪」「我儘」「和歌」「若者」「ワカメ」「笑い」「悪者」「災い」「ワッショイ」などがあります。戦前は「私」ではなく「和多志」と表記していました。素敵です。

大円のワはコロイド状態、ミクマリ状態でもあります。ミクマリがカタカムナウタヒの中心図象になっているのが2首あります。第1首と第15首です。これはマカタマ図象、またはミクマリ図象といわれています。

マカタマというと「勾玉」をイメージするかもしれませんが、アマとカムが二重潜象になっているという真相を、深層で伝えているというギャグのような真実です。
私はカタカムナウタヒの絵として、第1首は光を感じたので黄色に、第15首は、水分子（ミクマリ）を感じたので、水色に塗りました。ちょうど川ヰさんが大好きな色合いです。黄色は、インナーチャイルドの癒しになりますし、水色の第15首の絵は、第三の目（松果体）を活性化する不思議な絵です。自著『目覚めよ、松果体』（廣済堂出版）の本にもカラーで紹介されています。

第15首のウタヒを、ぜひ声に出して響きを感じてみてください。

アワナキ　アワナミ　ツラナキナミ　アヤミクマリ　クニノミクマリ
アメノクヒサモチ　クニノクヒサモチ　シナツヒコ　ククノチ　オホヤマツミ　ヌツチ
カヤヌヒメ

このウタヒには、アヤミクマリとクニノミクマリと、「ミクマリ」が2か所に出てきます。**ミクマリとは、プラズマとコロイド状態にあるものです。**
コロイドとはジェル状態で、どうにでもなる現象です。

川ヰさんがびっくりの実験動画を見せてくれました。それは、真空状態におけるビーカーの水は、まず沸騰し、そのあと凍結して、最後にコロイド状態になってビーカーの外にぶっ飛ぶという映像でした。

この実験から、水は液体、固体、気体の3相ではなく、コロイド状態が加わって4相であることがわかります。

リ

カタカナのリに似ています。縦軸が2本あって、真ん中でスコーンと抜けて別れていますが、**これはアマが均一になろうとして離れていく状態を表しているそうです。**

リのつく日本語は、「リンゴ」「理科」「リンドウ」「林道」「理解」「倫理」「離別」「理由」「龍」「琉球」「料理」などがあります。

「リス」もそうです。私は感覚的に、自分がリスだったことがあると確信しています。ナッツが大好きで、アーモンドチョコレートを食べて3回も歯を折ったことがあります。さすがに3回目のときには、いつも右上でサポートしてくれる守護天使の桜ちゃんが、「啓子ちゃん、そろそろアーモンドチョコレートを食べるのは諦めましょうね～」とやんわりアドバイスがあって、それからはアーモンドミルクを飲むようにしています。

「理科」も大好きです。あるとき、クリニックに理科が苦手な女の子が来ました。彼女は過去生ではオックスフォードの科学者だったことがありました。なぜ理科が嫌いなのかを魂さんに聞いたら、「かったるくてやってられない〜」とのことでした。科学者にとって小学校の理科の授業は、たしかにつまらないのかもしれません。

リカという響きの意味は、「離れたチカラ」です。

そして、「龍」も大大大好きです。小さい頃から一緒に遊んでいました。龍を呼ぶときのかけ声は、「ヒュー、リュウ〜」です！　本当に龍が「お呼びですか？」と来てくれますので、ぜひこのチャンスに覚えてください。

「ヒュー」という響きは、一気に7次元に飛べるそうです。これはアメリカ人の女性で、元金星人のオムネク・オネクさんの本に紹介されていました。

ヒは「はじまり」、ユは「湧いてくる」という意味があります。「ヒュー」というだけで7次元まで飛べるのは素敵ですね！

次元は意識の自由度を表現しています。5次元から光の世界。7次元はきっとピカピカのまぶしい世界です。

ワーク 龍を呼ぶ

「ヒュー、リュウ〜」といってみましょう!

はい、せ〜の〜、「ヒュー、リュウ〜」

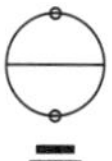

テ

マに横軸(トコロ軸)が加わっています。**2つに分かれて極を持った状態で、現象の場に出ようとしています。**まさに手の平を返すように、表と裏がひっくり返る響きを持っています。

テのつく日本語は、「手」「手鏡」「手形」「鉄」「天」「天国」「天使」「天気」「天狗」「天ぷら」「てるてる坊主」「寺」「テフテフ」などあります。

「テフテフって何?」と若い人から質問がありそうですが、蝶々のことです。戦前の教科書には、テフテフと書いてチョウチョウと読んでいました。

天は、ンがついてテのパワーがさらに強調されます。天のつく言葉は見えないカムの世界を表し、天の川銀河のことをいっています。

大好きな天ぷらは、室町時代に鉄砲伝来とともにポルトガルからきました。揚げ物を意味する「テンポーラ」が「テンプラ」になり、江戸時代前期に広まったそうです。今では日本食の代表になっていますね！　海老天は特に波動アップする食べ物です。波動アップして天に近づくという意味かもしれません。

メ

テが左に回ったような形です。横軸（トコロ軸）から縦軸（トキ軸）になりました。**現象の場に芽が出るという意味です。**

メのつく日本語は「芽」「目」「女」「メガネ」「女神」「目覚め」「雌」「目くじら」「銘柄」「目利き」「恵」「メモ」「メール」「メロン」などありますが、「瞑想」もそうですね。

メイソウは、現象の場に芽が出て、観察者の視点から外部へ同期軌道から外れ、そこから何かが生まれてくるイメージとなります。まさに瞑想中に見えてくるイメージを表現しています。

ここまでで、もう一度大円のカタカムナ文字を書いて覚えてしまいましょう！

ワーク

ルンルン、楽々、クルクルパー！

「ルンルン、楽々」のところは好きなように体を動かし、「クルクル」のところで頭頂部で右手をくるくる回し、「パー」で手を開きます。

脳内の松果体が活性化して、直観が冴え、アマやカムとつながりやすくなります。

少なくとも3回は続けてやってみてください。

ク

半円に、フと同じ位置にコロがあります。フと違うのは横軸（トコロ軸）がないことです。**どこにいてもいいという、空間の自由、多様さがあります。**

クのつく日本語は、「首」「栗」「雲」「熊」「茎」「草」「果物」「唇」「空気」「空腹」「クジラ」「靴」「黒」などたくさんあります。

そして、私の大好きなC調の角度、45度です。AでもBでもないCという意味で、予想がつかない方向性に動いてしまうのです。

クククと小悪魔のように、笑いながら、予想外の選択をして行動してしまいます。予想外のことを、英語でfeint（フェイント）といいます。やはりフがつきます。

ここで、ワークを思いつきました。

ワーク

クククで自由にC調音頭

両腕を45度に広げながら、踊ります。
クククで自由にC調〜
クククで自由に踊りましょう！
それ、自由だ！　自由だ！　自由だ！

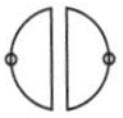

ル

半円がそれぞれ極を持ち、離れています。**ルの音の意味は、分極してとどまっていることです。**左右のおっぱいだと思うとルンルンで覚えられます。

ルのつく日本語は、「ルビー」「ルール」「ルシファー」「留守」「流転」「流浪」「類似」「瑠璃」。またあらゆる音をとどめる音で「在る」「居る」「売る」「得る」「折る」「切る」「蹴る」などきりがありません。

「ルシファー」は大昔、8大天使の長で、宇宙が闇を創ったときに自ら闇の担当を申し出て、闇に落ちた堕天使として有名です。

　2020年5月18日、コロナが流行りはじめて半年後、ルシファーが闇から光に戻ってきました。闇に落ちる前に仲良しだったので挨拶に来てくれたのです。今は闇をたたむ役をして忙しそうです。これから地球のユートピアに向けて大活躍です。

ム

十字回転がはじまります。縦、横、奥という6軸を持ち、6方向に無限に広がります。**構造性を作る働きがあり、夢実現にはとても大切な響きです。**ムのところでイメージすると夢実現化が早くなります。

　ムのつく日本語は、「無理」「無償」「虫」「無視」「無駄」「ムキ」「村」「無限」「夢中」「蒸す」「無垢」「無我」などあります。

　無限に広がる宇宙にとても惹かれます。それでカタカムナ相似象にぞっこん惚れたのだと思います。自著『自分リセット!　無限のゼロ・パワー』（青春出版社）もとても面白いのでお勧めです。無限という響きが身近に感じられるようになります。

　そして「夢中」も大好きです。**何かに夢中になると、自然に瞑想状態になります。本当**

の自分につながって、内なる宇宙に飛べます。

何か夢中になれるものをいくつか持っておきましょう！　人生が楽しくなります。今は子どもも大人もゲームに夢中です。私もスマホの無料ゲームにはまっていた時期がありました。「人生一切無駄なし」なので、ゲームにはまっても大丈夫です。きっと何かを吸収しています。達成感やいろんなスキルを学んでいます。だから、「子どもや孫がゲームに夢中で困っている」という相談を受けたときは、自分でも無料ゲームを体験して、子どもたちと会話をしてみることをお勧めしています。

私は今、スマホで動画を見るのに夢中です。一流の演奏家の動画が無料で見られる素晴らしい時代になりました。無料で夢中、ムムム〜です。

ナ

何度も何度も繰り返すという意味で、アマとカムが交差するところにコロがあります。**これは波動性がはじまるポイントであり、最終ポイントでもあります。ナは、波のように周期性を持っています。**ナナヨツギという7の周期性です。ここからラッキーセブンが登場します。

ナがつく言葉は、「鉈《なた》」「斜め」「奈良」「仲人」「名前」「涙」「仲間」「馴染み」「訛り」「ならず者」「茄子」（天ぷらや焼きナスは大好きです）などがあります。

ヤ

ここからいよいよ、**見えないカムの世界に入っていきます。**観察者のイの位置からは、まったく見えません。ブラックホールです。**ここから別の軌道がはじまります。**

ヤのつく言葉は、「矢」「山」「槍」「館」「やり甲斐」「役」「闇」「ヤンチャ」「野菜」「やかましい」「優しい」「やんごとなき」「輩」「安らぎ」「野郎」など、やたらとあります。**まったく見えないものが山のようにある**という意味で、「八百万《やおよろず》」「八千代《やちよ》」という言葉もあります。

今日、クリニックに「や〜だ（できません）」がいえない人が来ました。「やだ」という言葉の響きは、極限に行っている意味だそうです。

私も昔は断れずに、いやいやながらやって、ヘロヘロになって倒れていました。今は嘘も方便（ホワイトライ）をいえるようになりました。

嫌なことをちゃんと断れるようになると、自分を大事にできて、心身ともに健康でいら

れます。

できないこと、嫌なことは断りましょう！　「ごめんなさい、今出かけるところなの～」「あら～、ちょっと無理みたい～」といえば大丈夫。嘘をつきたくない人は、本当に出かけてください。

コ

コロがヤとヒの位置2か所にあります。ヤはカム側に行ってしまうので、**ヤとヒが一致していることをコのコロの位置で表現しています。**8＋1＝9で、ここのつ。**一巡したことを示しています。**

コのつく日本語は、「子」「個」「心」「転がる」「米」「琥珀」「これ」「籠る」「子守」「志」「コミュニケーション」「恋」「声」「氷」「股関節」「呼吸」「故郷」「国際」「骨《こつ》」などです。

ト

縦軸（トキ軸）と横軸（トコロ軸）が十字に合わさり、軸だけでトキとトコロという時空を表現しています。

時空は自分の意識を1点に、一瞬だけ止めておけます。特異点を作ることができます。今この瞬間、自分の意識が位置するところです。

トは統合、重合し、一巡して問題が解けた状態を表しています。コとトで、大事なコト（事）を表現しています。

トがつく日本語は、「登場」「東京」「十和田湖」「党」「塔」「トマト」「時計」「扉」「戸」「都会」「トウモロコシ」「鳥」「富」「虎」「友だち」「トキ」「トコロ」などあります。

今この瞬間、あなたのトキとトコロはどこに位置していますか？　この本の中ですか？　夕食のメニューを考えて、冷蔵庫の中をイメージしていましたか？　それとも大好きな人を思っていましたか？

私たちの思いは、今今今……と連続した今の中にありますが、どんどん過去になっていきます。ずっと今を生きています。

もし、意識が過去のどこかの時空間にあったら、意識は過去に飛んでいます。過去に思いのエネルギーを注ぐことになり、今に集中してエネルギーを使えないので、創造的なことができず、とてももったいないです。

意識を今に集中する方法については、また第3章で詳しく紹介しましょう！

ムナヤコトと5文字のカタカムナ文字を続けて書いてみましょう！　ワークをしながらこの本を読めば、必ずカタカムナ文字が書けるようになります。

ここまでの17文字「ヒフミヨイ　マワリテメクル　ムナヤコト」で一区切りになります。次のアから2周目になり、次の展開になります。

まだ先は長いですが、ついてきてくださいね！


カタカムナ相似象を学ぶと、確実に世界観が変わります。物の見方ががらりと変わって生き方が楽になります。自分の名前の響きが出てきたら、目をキラリンと輝かせてくださいませ！　**自分の名前の響きは、人生にとても関係があるので、ぜひ注目してほしいと思います。**

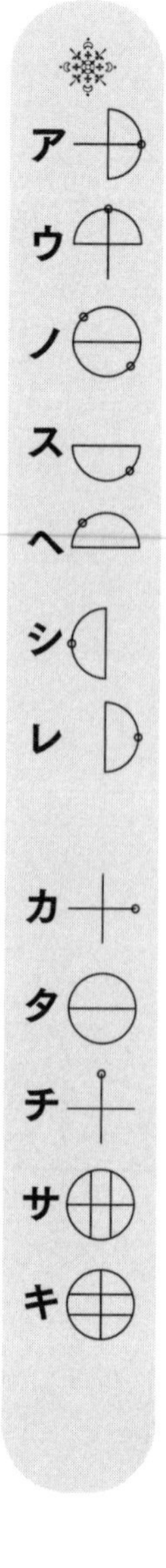

ア

まるで愛のキューピッドの弓矢のような形です。コロが、すべてのはじまりのヒのところに戻ってくるのですが、位置は同じでも、横軸（トコロ軸）が長くなります。**物事のはじまりであるアマのアです。**ヒよりも現象に与える影響力が大きくなります。

アのつく言葉は、「アマ始元量」「愛」「あなた」「逢う」「青」「赤」「碧」「歩く」「飽きる」「秋」「穴」「飴」「ありがとう」「アマゾン」「アマテラス」「天」「甘い」「アセンション」などたくさんありますので、アッと思いついたら書き出してみてください。

「アメージンググレース」もそうですね。ここで息抜きに替え歌を歌いましょう！

ワーク

アメージンググレース（替え歌）「あなたに逢えて、嬉しい〜」

1　あなたに、逢えて、嬉しい、生きる喜び、悲しみ〜〜

さしつさされつ、様々な人生、ともに歩んでありがとう！

2 生まれてくれて、ありがとう！　あなたの命に、ありがとう！
懐かしい、どこかで、出会った思い出、また会えて嬉しい～～

3 人生は舞台、私が主役、シナリオ書いたのは、魂～～
天使が読んで、支えてくれて、ここまでこれたのありがとう！

4 あきらめないで、夢は叶う、愛がすべてを溶かす～
分かれた光が、一つになる、みんなで大きな光～

5 平和な時代がやってくる、みんなで作る喜び～～
波動が上がれば、素敵なアセンション、みんなで大きな光～

アがいくつも出てくるちょうどいい歌です。それだけ愛が湧いてきて、みんなを包んでくれる素敵な響きです。

ウ

アが90度回転し、コロが真上に位置します。**まさに生まれ出るという響き**で、まるで愛のキューピッドが天に向かって矢を放っているかのようです。

私はよく天に向かって話しかけます。気持ち的には、叫んでいます。ときにはど突《つ》いています。「天さん、なんでうちが相似象の本を書かなあかんの〜。まだ全然、ようわかってないのに〜。『掃除しよう』しかギャグが思いつかへんの〜」。そうすると、天から答えが降ってくるのです。「啓子が適任や〜。わかりやすう書けるからええんや〜。今がベストタイミングやで〜」となぜか関西弁で答えが返ってくるのです。天とコントする人も珍しい〜。だから役が回ってきたんです。ちょっとだけ、みなさんよりも早くカタカムナ相似象を学んでみただけでっせ〜。ということで頑張って書いています。

カタカムナ相似象を学ぶと、ついでに掃除もしたくなって、周りがきれいになって波動がアップしていきます。

ウのつく言葉は、「鵜」「上」「生まれる」「植える」「浮世絵」「ウサギ」「歌」「鰻」「海」「羽毛」「ウイルス」「嘘」「内」「打つ」「唸《うな》る」「噂」などがあります。

アとウは、対で覚えましょう！

ワーク

「ア」と「ウ」の愛のキューピッドワーク

愛のキューピッドが愛し合う2人を結びつけます。矢を持ってはじまりのヒのところで、こぶしをブルブル振動させましょう。恋の予感です。ブルブル〜。それから頭上でブルブル振動させて、天に向かって矢を放ちます。「よろしく!」。面白いのですぐにやってみてくださいね。婚活中の人は真剣にやりましょう!

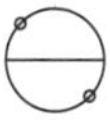

ノ

テが左に回って極移動しています。**回ることによってうつり変わっていく響きを表しています。**風の時代はみんなで「ノリノリ」のノです。

ノのつく言葉は、「能力」「脳」「のめり込む」「飲む」「海苔」など意外にも少なく、「〜の」という所有や存在の場を表現するときに使うことが多いでしょう。

ス

ノの横軸(トコロ軸)の下半分です。**スは進む、進行性を表しています。**

スのつく言葉は、「進む」「統《す》べる」「巣」「酢」「数」「吸う」「好き」「スケジュール」

「スカート」「スカイツリー」「座る」「諏訪」などです。

ヘ

ノの横軸（トコロ軸）の上半分です。**へは方向性を表しています。**

へのつく言葉は、「平和」「ヘア」「ヘナ」「ヘリコプター」「ヘーゼルナッツ」「変化」「壁画」「返答」「返還」などです。

このノ・ス・ヘを見てわかるように、ノはスとへが合わさってできています。スへで進行性と方向性を表しています。術（スベ）、つまり方法を伝えています。

シ

シは、示しの意味です。そして、次に紹介するレとともに、まるで左右のおっぱいのような可愛い形です。コロちゃんが乳首に見えます。シは右のおっぱいです。

川井さんがセミナーで「相似象はエロいです」と強調して話してくれますが、シとレを見ると、しみじみ実感します。ついでに右のおっぱいの乳首に刺激を加えて、アマウツシのスイッチをオンにしましょう！　気持ちよくなるとコロのように硬く丸くなってきます。

シのつく言葉は、「詩」「師」「死」「四季」「式」「指揮」「刺激」「幸せ」「支援」「司会」「視界」「栞《しおり》」「シナリオ」「自分」「人生」「時間」「情報」「状況」「神社」などがあります。

シは思い出深い音です。書いている今日が2月23日で、ちょうど1年前に川井さんの相似象セミナーを京都で受けたあと、イタリアンレストランで、なんとアマテラスのマントラの2番が、25年ぶりに天から降りてきました。アマテラスのマントラについては、第5章で解説しますが、まさに「マワリテメクル」ですね！

カタカムナ相似象では、正反対向といって、違うものが同時に生まれる宇宙のしくみを表しています。第3章で詳しく解説しますが、ウルトラマイナス現象が、ウルトラプラス現象を呼ぶのです。

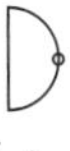

レ

レは、左のおっぱいです。左のおっぱいにも、乳首のようにコロが半円の真ん中にあります。

楢崎先生は、レにコロがなくてもいいとおっしゃったそうですが、宇野先生が書かれた『相似象』には、女性らしくちゃんとコロがあります。川井さんと話し合って、この本でもコロをつけました。

あらゆる命に、おっぱいは大切だと思います。私たちは、生まれてからすぐにおっぱいのおかげで母乳を飲めます。大人になってからも、男女のラブラブのときに乳首を刺激して、スイッチオンしています。心地よい振動を与えることで、どんどんカムの世界へとつながります。命が生まれるプロセスには、おっぱいはとても大切な存在なのです。

レは、シの反対側にあって、見えない世界へ現れようとしています。見えないカムの世界へのはじまりで、消えようとしています。

レのつく言葉は、「霊」「例」「礼」「冷」「レインボー」「歴史」「連絡」「練習」「レポート」「レシピ」「レストラン」「練炭」などあります。

霊は、本当は「靈」と書くそうです。難しい字ですがパワフルですね！

私は若い頃、霊媒体質だったのでつらかったです。今は卒業して、どうしても必要なときだけ「光の仕事」をしています。「光の仕事」については、私の代表作『人生のしくみ』（徳間書店）を読んでみてください。

また、レの響きで思い出すのが、「レレレのおじさん」です。赤塚不二夫さんの仏教的な漫画『天才バカボン』の大切な脇役です。町を掃除しながら、「おでかけですか、レレレのレー？」と、声かけ運動をするおじさんです。

このレレレのおじさんは、周利《シュリ》槃特《ハンドク》という釈迦の弟子がモデルになっています。彼は、いくら掃除しても次々とごみが出てきてきりがないのは、自分の心も同じだと悟るのです。

私はどうしても笑いを取る習慣があります。相似象に出会ったときも、すぐに、「相似象は、掃除しようと誘っていきます～」といいたくなるのです。

ワーク　レレレのレで相似象～

レレレのレで、アマウッシ　レレレのレでカムウッシ、
レレレのレで、掃除しよう～　あっという間にイヤシロチ、
レレレのレで、相似象！
レレレのおじさんになったつもりで、ホウキを持って掃除をしましょう！　そして周りの環境を、波動の高いイヤシロチにしましょう。見えないカムの世界へ近づいていきます。

相似象を学んで、掃除や断捨離をしたくなる方は多いです。「相似象セミナー」に参加し

てから、急に断捨離にはまって3か月間でスッキリしました！」と目を輝かせて報告してくれた方もいます。つまり、レレレのおじさんの登場は自然だったのです。

カ

見えないカムの世界の最小のものです。宇宙の相似象を作っているもとです。カの実質は人間の想像をはるかに超えたもので、星を動かすほどのとても大きなチカラのことをいいます。

カは、無限大のチカラ、エネルギーです！ 漢字でもチカラの意味で同じ形を使っていますね。

私たちがこの世でいろんな体験ができているのも、宇宙からお借りしている体のおかげですが、体（カラダ）は、「カラ・ダ」（空だ）、つまり、**カラにすることで自然にエネルギーが入ってくるのです。** これも大切な宇宙の真理です。空腹が健康のもと、いちばんのご馳走だといわれますが、相似象的にも、カラにすることは調子がよくなることなのです。

生きるのに大切な呼吸も同じです。吐き切ってカラにすることで、新しい空気が入ってきて、細胞が元気になり命が輝きます。

ワーク

カがマになってタになり、カタになる流れを感じましょう

ゆっくりと息を吐き切って、肺をカラにしてみましょう！　無限のチカラ、カが酸素とともに、どんどん体に入ってきます。

そのあとで、勢いよく「カカカカカカカカ～」とチカラを込めて、無限のエネルギーからパワーをくみ出して、自分の宇宙の中にそのパワーを入れていきます。

両手を下のほうから、徐々に上に上げていき、「カタ～」で万歳をしましょう！

カを限りなく、カカカカカと重ねていくと、マになり、さらにマママママと重ねていくと、タになっていきます。タタタタタと重なることで、カタになります。そこからまたマママママになり、カカカカカになって、カムの世界に戻っていきます。

これがわかってくると、カタカムナのしくみが見えてきます。

音の響きが、カムからカタへ、そしてまたカムへと見事に循環しているのです。

また、カの積み重ねが、「努力」というものです。「努力」の漢字にもカが2つも入っていますね！　カタカムナ相似象的に「努力」は諦めず、ひたすらカを重ねていくことなの

です。

亡くなった母からいわれたことがあります。

「啓子が『すべてはうまくいっている』という言葉をカニ踊りで広めているのは素晴らしいけれど、ずっとあなたが努力していることもつけ加えてね！」

と、貴重なアドバイスをもらいました。

日本語には、カがつく言葉がいちばん多いそうです。「貝」「牡蠣」「書く」「描く」「菓子」「固い」「カタカムナ」「カニ」「カフェ」「神」「鏡」「かけ声」「駆け落ち」「過去」「悲しみ」「川」「髪」「傘」「型」「形」「語り」「カタカナ」などがあります。

そして「カムバック」もそうです。この言葉は相似象セミナーのときに、たまたま出た言葉ですが、川井さんと思わず目が合って、「カムの世界に戻る、カムバック！　カムが後ろにある！　深い〜！」と感動しました。

フト出る言葉は、まさにカムの世界から飛び込んできた、そのとき必要なインスピレーションなのです。

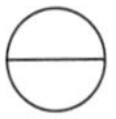

タ

大きな円をトコロ軸が分けていますが、1本なので、まだ分かれていません。2本になってやっと分かれます。**足していく、高まっている、独立するという意味があり、こちら側に出ているけれど、潜象とのつながりを保って出ているという意味を持っています。**

タがつく言葉は、「玉」「球」、「畳」「筍」「宝塚」「楽しい」「魂」「滝」「他界」「種」「旅」「足袋」「玉ねぎ」（川ヰさんが大好きです。子どもの頃、お誕生日会でみんなから新玉ねぎをプレゼントされたそうです）。

そして私は日々「魂科医」として魂の通訳をやっています。

タといえば、カタカムナ相似象で大切な球《タマ》感覚です。

球感覚とは、宇宙のすべてが球でできていることを感じることです。

チ

カのコロが左回りに90度移動した図象で、カのエネルギーの進行状況を表しています。

チは持続の意味を持っています。

チのつく言葉は、「チョコレート」「チヂミ」「チキン」「茶碗蒸し」などつい食べ物ばかり出てきますが、「地球」「チアガール」「血」「知」「知恵」「提灯」「誓い」「地下」「魑魅《ちみ》魍魎《もうりょう》」「知己」「茶会」「駐車」「美ら海水族館」などもあります。

サ

サは、**差があることで現象化するという意味です。**大円の中にサの文字が入っていますね！　**また左右の方向に転換していくという膨張性も表しています。**

回転すると、影響範囲がサーッと横に広がります。サササのサーーですね！　「サアサア、お立合い」とかけ声にもあります。「遮《さえぎ》りは神～、話せば（離せば）わかる～」というワークをよくやっています（164ページ参照）。

サのつく言葉は、「細胞」「サイボーグ」「サービス」「榊」「桜」「砂糖」「逆さ」「坂」「悟り」「酒」「鮭」「刺身」「爽やか」「ささ身」「砂漠」などがあります。

キ

エネルギーが発生して、さらに収縮していくこと。エネルギーの方向性を別の方向に変化させる動きを示しています。球を中心で切って、上下の方向に転換した様子を表しています。

大円の中にカタカナのキの文字が入っていますね。

キ（氣）はエネルギーです。「気」という漢字より「氣」のほうがパワフルですから、なるべく「氣」を使ってみましょう！

キのつく言葉は、「木」「菊」「聞く」「気配り」「桔梗」「帰郷」「キス」「気候」「規則」「キリン」「気分」「寄付」「期間」「基盤」「鬼滅」「奇天烈」「教師」「貴族」「今日」「着物」「騎士」などがあります。「木」はキの相似形ですね。

「木《き》遣《や》り」は、長野の諏訪大社の御柱祭で唱えられる素晴らしいかけ声です。川井さんが御柱祭にはまって40回以上も諏訪に通っているので、セミナーで木遣りを披露してくれました。そして、みんなで唱えて響きを心地よく感じることができました。

声を響かせることは、カタカムナ相似象で大切な感受を伸ばすことになります。

私のヴォイスヒーリングも、相手に愛を込めて即興で響かせることで、お互いが気持ちよくなり、アワとサヌキのアマウツシになります。

見えないカムの世界から氣（エネルギー）を引き寄せることができるからです。

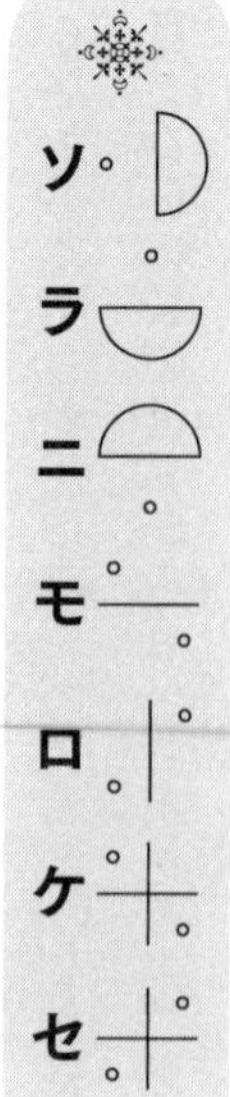

ソ

ソ・ラ・ニは半円とコロの文字です。3つをセットで覚えましょう!

ソは「逸《そ》れる」の意味で、枠にはまらず軌道から逸れていくという音です。

「それがね～」「そしてね～」「そうなのよ」「それがどうしたの?」「そんなはずはないわ」「そうそう～」というように、ソがないと日本語が話せないほど日常会話でよく使います。そうですね～。

ソがつく言葉は、「ソーメン」「算盤」「素朴」「粗品」「蕎麦」「側」「疎外」「粗大」「祖先」「先祖」「阻止」「そそのかす」などあります。

ラ

半円が下半分にあり、コロがミの位置にきます。**つまり、表面化して現象側への前駆の**

ミとして現れてくるという意味です。ラは場を表しているともいえます。

ラのつく言葉は、「蘭」「ラッキー」「ラピスラズリ」「ラリマー」「ラジウム」「ラドン」「ラベンダー」「ラピュタ」「ランドセル」「ライオン」「ライン」「落雷」「ライバル」「羅漢」「螺旋」などです。ほとんどがカタカナの名前ですね！

大好きな紺色のクリスタル、ラピスラズリは、ラが2つも入っていて、ランランと第3の目の松果体をくるくる回してくれる感じがします。螺旋のラですからね！　もうひとつ大好きなクリスタルのラリマーは、平和の象徴の水色です。そして水色の光を発するラジウムから出る気体がラドンです。私はラドン温泉にはまって坐骨神経痛を癒しましたが、すべてラがつくのも不思議です。

ニ

定着化を表しています。繰り返しを意味するナのところで、コロのエネルギーが振動して定着しているように見えます。

ニのつく言葉は、「日本」「匂い」「仁王」「荷物」「煮物」「にわか雨」「日光」「庭」「肉まん」「ニモ」「二度寝」「鶏」「ニヒル」「日記」「二刀流」「日常」「日曜日」など日がつく言葉が多いですね！

　何といっても、今回の人生で日本を生誕地に選んで、日本人に生まれ変わってきたことは、最高の運、快挙ですね！　日本人だからこそ体験できることが山盛りです。

　そして、今回の人生が地球で最後という魂が日本に多く生まれてきています。だから、心が広くて愛も深く、思いやりがあって礼儀正しい、世界から絶賛される人々として尊敬されるのです。

　ニは、「何度も何度も繰り返して定着した」という響きを持った音ですが、**まさに、日本には何度も何度も生まれ変わって、精神性の高い魂が多く集まっています。だからこそ、見えないカムの世界を見事に現象化している国なのです。**

　改めて日本人として生まれてきた喜びと感謝を噛みしめましょう！　日本に生まれてきてよかったですね！　万歳！

モ

モは「モヤモヤ」というように、ぼんやりした状態です。核の周りのエネルギーを表しています。

モのつく言葉は、「燃える」「桃」「木星」「モアイ像」「モヘンジョダロ」「モテる」「藻」「申す」「森」「モグラ」「盛る」「漏る」「モラル」「もういいかい、まあだだよ～。もういいかい、もういいよ！」（かくれんぼの遊びの定番のかけ声です）、「目的」「網羅」「目次」「黙示録」「儲け」「モンテッツマキャッスル」（私の過去生のインディアン部族の住んでいた場所）などです。

『鬼滅の刃』を見てから、鬼退治の柱の煉獄杏寿郎さんが大好きになり、「燃える」という言葉に反応して震えます。

『モモ』はミヒャエル・エンデの有名な児童文学です。人間から時間を盗んだ灰色の男たちから時間を取り戻してくれる不思議な少女モモが出てきます。どんな悩みも解決してくれる素敵な女の子です。

最近、私は**「天気と時間は個人的」**だとしみじみ感じられるようになり、『モモ』の作品の意味がもっとわかるようになりました。

トキ（時）も個人的にどうにでもなります。時間の密度を意識で変えられるからです。見えないカムの世界に時間はありません。バーチャルなこの世にしか、時間はないのです。とても不思議ですね！

試しに時間はたっぷりあると、自分で思い込んでみてください。確実に時間の流れが変わります。逆に時間がないと思い込むと、本当になくなります。面白いです。あなたもモモになれますよ！

ワーク　時間の密度を意識で変えてみましょう！

まずは、時間がたっぷりあると決めてみます。そのように変わります。
次は、「時間がない、ない」と叫んでみましょう！　本当になくなります。

ロ

ロの響きの意味は、連なること、次々とつながっていくことです。

ロのつく言葉は、「ロマンス」「ロケット」「ロンドン」「路」「炉」「絽《ろ》」（夏の着物）、「ロリータ」「炉端」「ローソン」「論文」「論理」「ろうそく」「録音」などがあります。

ケ

啓子のケです。なんとコロの位置はモと同じ。軸が十字になります。

ケは、氣です。気配、物の怪、毛など、**堅く認知できるモノの周りを覆う部分を表しています。**地球を硬いものとすれば、大気や電離層などがケです。

ケのつく言葉は、「携帯電話」「計画」「研究」「建築」「結果」「蛍光灯」「ケアマネジャー」「稀有」「今朝」「袈裟」「健康」「検査」「蹴鞠」「見学」「消す」「化粧」「怪我」「絢爛豪華」などがあります。

セ

勢いがある、勢力が増すという意味です。

セのつく言葉は、「世界」「精神」「性」「性交」「成功」「背」「先生」「生徒」「生活」「請求」「性格」「正確」「性別」「性欲」「性」「精力」「精気」「精器」「性器」「生態」などです。

「精神」と「性」が同じ響きの世界にあることはびっくりですね！

成功している人は、性交も好きです。お盛んです。「英雄、色を好む」です。

カタカムナ相似象では性的なことをとても大事にしています。そこから命が誕生するからです。そこからアマウツシで、見えないカムの世界からいろんな氣（エネルギー）を引き出せるからです。

性交が多いと生まれてくる子どもも多くなり、世界が発展します。精力的になって文明も栄えるのです。

日本がセックスレスになってしまったのは、明治維新からです。再びセックスが盛んだった平和な江戸時代に戻りたいと思います。セックスだけでなく、自給自足も取り戻したいですね！　いろんな勢力を取り戻しましょう！

ユ　ヱ　ヌ　オ　ヲ

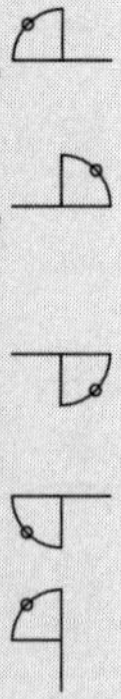

ここからいよいよ四半円の登場です。ユ・ヱ・ヌ・オの4つの四半円は、4種集まって四葉のクローバーになります。潜象から現象に湧き出て、自由に増殖して、奥の見えないカムの世界に入っていきます。横軸（トコロ軸）のみですが、この4つの状態を統合したものがヲになります。

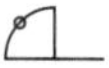

ユ

ユは湯のように、お湯が沸き出す状態を示しています。ドンドン沸いてくる湯は、どこで沸いたかわからないけれど沸いている、という状態です。

ユがつく言葉は、「雪」「夕焼け」「夢」「ゆず」「ユマニチュード」「遊」「癒」「油」「唯一」「郵便」「有名」「夕食」「百合」「揺さぶり」「湯島天神」「許す」などです。

そして、『ゆるゆるの法則』（徳間書店）という本を書いたくらい、私はゆるゆるも大好きです。**日常をゆるゆるにすることで、奇跡がたくさん起きるようになります。**

ユマニチュードは、フランスで生まれた素晴らしい奇跡的な介護のやり方です。相手への尊厳を重視して、きちんと対応することで、暴れているお年寄りや寝た切りのお年寄りが数分で起き上がり、笑顔になります。実際の動画を見て、びっくり大感動でした。

ワーク

ゆるゆる体操をやってみましょう！

体をゆっくり揺すりながら、ゆるゆるにします。自然に体が動いてくるので、体が動きたいように、そのままゆるゆるさせてあげましょう！

ヱ

戦後は使わなくなりましたが、「ウェ」と発音します。**まだはっきりせず多様性が多い状態、枝分かれしていく状態を示しています。**

ヱのつく言葉はとても少なく、「ヱビス」「ヱビスビール」「ヱビス神」「トモヱ」「笑み」「恵む」などです。

ワーク

地球のユートピアに乾杯！

ヱビスの黒ビールをグラスについで、ヱビス様とヱミ（笑み）を浮かべて、「地球のユートピアに乾杯！」とイメージしましょう！　飲める方は、本当にどうぞ！

ヌ

ヌの響きは、わかりにくく不確実性が高くて見えないという意味です。

ヌのつく言葉は、「ぬいぐるみ」「ヌード」「塗り絵」「ぬか漬け」「布」「沼」「縫物」「主」などです。

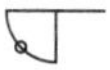 オ

奥へ、先へという響きで、あやふやですが見えない世界に立体構造を作りはじめています。

オのつく言葉は、「美味《おい》しい」「音」「おでん」「おにぎり」「尾」「覚える」「おかげ」「織」「檻」「オムツ」「押し入れ」「雄」「オモチャ」などがあります。

そして、おっぱいもそうですね！　私は女性の美しいおっぱいに憧れて、とうとうカタカムナウタヒの第45首の絵に描いてしまいました。カタカムナで夢実現！　大満足です。

 ヲ

ヲの響きの意味は、4相性をまとめるイメージです。そして次のハ・エ・ツへとつながっていきます。

このヲは特殊な存在で、前の四葉のクローバーのパワー（4相）をすべて持っていて、ハ・エ・ツを生み出す大きな流れを作るのです。

ヲがつく言葉は、「ヲカシ」「ヲタク」「ヲコツル」などとても少ないのですが、「〇〇を〇〇する」というときに多く使います。

でも、とても大切な「スサノヲ」がおられます。スサノヲは、アマテラスのちょっと乱暴な弟として古事記には描かれていますが、ヲのつく言葉の代表選手で、かつ**私たちの内なる宇宙に必ずいて、新しい地球が作られるときにドーンと登場してくる素晴らしいパワーです。**

なぜか、私はスサノヲのエネルギーを地上に降ろすお役目がありました。

沖縄の那覇空港近くの陸上自衛隊駐屯地の中にある、目の神様の拝み場所、ミーヌシンで、２０１７年1月11日の11時11分に地球の平和の祈りを36人でしたことがあります。２人の美しい女性の舞を奉納していたので、見ていたときに雲が割れて、天から「スサノヲを舞え～」という響きが聞こえてきたのです。

最初は我慢していたのですが、どうしても体が振動して耐え切れず、私は見えないカムの世界からカラフルな剣を受け取って、力強く舞ったことがありました。

後ろにいたスピリチュアルな女性が、スサノヲを舞っている私を写真に撮ったら、スサノヲの美しい剣の写真が見事に撮れました。その剣の写真を持っていると、スサノヲのすごい振動が伝わってきて、いよいよ私たちの出番が来たときに、ドンとパワーがあふれてきます。

かごめかごめの歌にあるように「後ろの正面だーれ」。それはスサノヲなのです。

48音のかけがえのない一音一音が、すべての流れをきちんと作っています。私たちの魂も響きです。振動しています。かけがえのない一音です。

どの一音が欠けても、この世は成り立ちません。いろんな音の響きがあってのこの世界が存在しているのです。唯一無二の大事な一音を素敵に響かせましょう！　あなたらしい素敵な音をよろしくです！

ハエツヰネホン

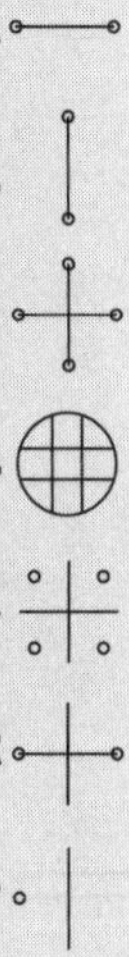

ハ

横軸（トコロ軸）をコロが引っ張り合い、極性を持って対をなしています。

ハのつく言葉は、「ハイビスカス」「波動」「花火」「花」「春」「ハワイ」「葉」「歯」「刃」「把握」「背景」「ハイブリッド」「ハロウィン」「映える」「羽織る」「墓」「破壊」「博士」

「畑」「働く」「蜂」「発売」「溌剌《はつらつ》」「ハネムーン」などです。

エ

エの響きの意味は波動性です。 縦軸（トキ軸）の両端にコロが振動しています。そのまま縦に振動が響くと波の波形になって、それが横に伝わっていくのです。

エのつく言葉は、「絵」「映画」「エネルギー」「エメラルド」「エロチシズム」「円盤」「柄《え》」「エアコン」「英雄」「影響」「駅」「干支」「獲物」「選ぶ」などがあります。

ワーク

縦軸（トキ軸）の波動を感じる

「エ〜〜〜」と声に出して体で波動を感じてみます。何かびっくりするようなことを聞いて発する音も「エ〜〜」ですね。

はい、びっくりして、「エ〜〜〜〜〜」といいましょう！

ツ

十字の先にコロが4つ振動していますが、まるで2本のバトンをバランスよく持っている感じです。でも2本のバトンは離れています。ウルトラマンの「シュワッチ」の恰好です。

ツの響きの意味は、個々性、個々のエネルギー、バリエーションを示します。具体的な方向性と影響力を表して、正反性が点在しています。

方向性が同じだと同じ環境になります。たとえば、探しているパートナーは、同じ環境のどこかに存在しているということです。ドキドキしますね！　あなたの場合はいかがでしょうか？　同じ環境に存在していましたか？

ツがつく言葉は、「尽くす」「漬物」「佃煮」「通訳」「ツアー」「対」「追加」「追悼」「ツイッター」「通信」「通常」「使う」「疲れ」「つき合う」「月」などがあります。

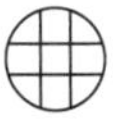

ヰ

「ウィ」と読みます。**サ・キの両方の影響範囲と方向性を表しています。つまり全方向に影響を与えて、さらに重合しています。**

ヰのつく言葉は、なんといっても「ウヰスキー」です。NHKの朝ドラ『マッサン』のモデルになったニッカウヰスキーの創設者、竹鶴政孝さんがこだわってつけた会社名です。

「ヰ」は「ゐ」のカタカナで「井」が由来です。英語のwhiskyの発音に近いのが「ヰ」だったので、「ヰ」を選んだそうです。

ヰは、アマノミナカヌシノカミを表しています。カタカムナ文字の中心の□がアマです。原子核です。

ヰのつく言葉は、ほかにも「居る」「井戸」「鳥居」「紅《くれなヰ》」などありますが、私にとって「紅」は、すぐにX JAPANの名曲が浮かびます。さびの歌詞の「感じてみろ、叫んでみろ、心燃やせ」が心に残っています。『鬼滅の刃』の煉獄さんと重なります。相似象的な表現をすると、重合します。

また、ジブリのアニメ映画『紅の豚』を思い出します。久石譲さん作曲の切ないピアノ曲が心にしみます。トレンチコートがよく似合う豚さんが大人のアニメの主人公です。

そしてヰがつく名前は、川ヰ亜哉子さんです。川ヰさんは相似象セミナーをすることになったとき、「川井」から「川ヰ」に変えて名刺を作りました。「ヰ」は「さらに重合する」というパワーアップの音だからです。川井が川ヰになったことで、彼女の中のアマノミナカヌシ（原子核）にスイッチが入り、過去生でアシアトウアンだった命が奮い立ち、カタカムナ相似象ののろしが上がったのです。そのときの妻が私だったので、こうやって一緒に本を書いています。必ず将来、人々が再び、カタカムナを思い出すためのスイッチとなる本を世に出すことを誓ったのだと思います。

あなたにもきっとスイッチが入ると信じて、紅の心で書き続けています。

ワーク

ウヰスキーで乾杯しましょう！

ニッカウヰスキーを持っている方は、自分の好きな飲み方で用意しましょう！もちろん、ほかのウヰスキーでもOKです。お酒が飲めない方は、ジュースでも烏龍茶でもなんでもOKです。ご一緒にウヰスキーで乾杯！　カタカムナ相似象48音に乾杯！

ネ

ネの響きは、見えていない根が地中に張っている意味です。現象界からはわかりにくい状態です。**見えないカムの世界では、四方八方に影響を与えています。**

ネのつく言葉は、「根」「音」「ネイビーブルー」「猫」「ネロリ」「値」「ネイル」「ネットワーク」「年賀状」「寝間着」「寝返り」「ネズミ」「ねぶた祭り」「粘土」などがあります。

ホ

ハに縦軸（トキ軸）が加わり、**極性と対称性を持っています。**ハが対向することで、エネルギーが発生しています。**「欲しい」「惚れる」「本当」などという言葉からわかるように、相対する方向と対になっています。**

ホのつく言葉は、「北海道」「星」「蛍」「穂」「帆」「歩」「保安」「保育」「ホタテ」「方向」「法則」「報告」「方法」「他」「保管」「ホッとする」「法律」「放課後」「崩壊」「放蕩」などです。

ン

いよいよ最後の1音になりました。縦軸（トキ軸）と、小円（コロ）がイの場所に1個振動しています。イの反の方向性にあり、イを発現させている潜象のチカラの示しでもあります。

そして、ンはすべての言葉につけることができる音です。確定、強調するエネルギーを持っています。

ンのつく言葉はなさそうですが、なんと沖縄には、ンからはじまる方言が92個もあります。びっくりポンポンポンポーンです。たとえば、「ンム」（さつまいも）、「ンブシ」（味噌煮）、「ンジャナ」（苦菜《にがな》）、「ンゾ」（彼女）、「ンカシ」（昔）、「ンチュミ」（お米）……全部は書けないのでこのくらいにしますね！

沖縄でしりとりゲームをすると終わらないので、本土と同じようにンで終わったら負けだと決めているそうです。

48音の解説は、最後に沖縄のンの方言で終わりました。

いかがだったでしょうか？　48音のカタカムナ文字が書けるようになったでしょうか？

グループ分けをしてみましたが、少しは頭の中に残ったのではないでしょうか？

いよいよ第3章では、カタカムナを知って楽々な人生になる方法を解説してみたいと思います。

コラム

私たちの身近にあるアマとカムの世界

川井亜哉子

「見える世界」と「見えない世界」は鏡映しになっている

日本語は48個の音によって、宇宙のあらゆる現象を表せるとカタカムナ相似象では伝えています。つまり、宇宙と同期した言葉が日本語の言葉の響きなのです。

たとえば、「言葉」をカタカムナ相似象的に捉えてみます。

コ（繰り返し）、ト（統合されて）、ハ（正反の方向に展《ひら》かれていく）という示しになります。これは日本語の特性をとてもよく表しています。

というのも、日本語は同じ音で正反対の意味を持つ言葉が多いのが特徴だからです。たとえば、イリ（入り）―イズ（出づ）、ウル（得る）―ウシナフ（失う）、エル（得る）―エラブ（選ぶ）、カシ（貸し）―カリ（借り）、キレイ（綺麗）―キタナイ（汚い）、キチ（吉）―キョウ（凶）、クム（組む）―クズレル（崩れる）、ケダシ（気だし）―ケガレ（穢れ）……挙げ出すとキリがありません。

相似象の考え方のひとつに、「正反対向」というものがあります。これは、何かが現象化するときには、必ず「正」と「反」の組み合わせで起きるというものです。「正」「負」でないところがミソですね。

男と女がいることで子どもが生まれたり、プラスとマイナスがあるから電流が流れたり、N極とS極があるから磁気が発生するというように、すべてのものは正反という逆さまの組み合わせが向き合うことで現象化することを意味しています。

つまり、世の中のすべての現象（ものや出来事）は正と反が向き合って起きているのです。

現実に、鏡が映している世界は、正と反が逆になっています。右手を上げれば、鏡の世界の私の左手が上がります。左手を上げれば、右手が上がりますね。こちら側にあるものが実体の肉体で、鏡にはそれが映し出されています。実体がなければ、鏡の中には何も映りません。それは当たり前のことですが、これが正反の世界である潜象と現象を示しているシンプルなシステムの表れです。

潜象が反だとすると、現象は正です。鏡映しのように2つの世界は存在しているのです。しかも、本質である実体は潜象側にありますから、実体だと思っている自分は、実は鏡に映っている虚像の自分なのです。

このように、現象と潜象は正方向と反方向で向き合っていることを「正反対向」といっています。現象化しているものは、見えない世界である潜象と鏡映しになって存在しているのです。

カム・アマ・カタがわかれば未来予想ができる

鏡映しになっている潜象（カムの世界）は、潜り込んだ世界であるため、私たちは触れたり見たりできません。しかし、それを感じることはできます。感じるけれど見ることができない世界をたどるための世界、それが鏡の境界面であるといえます。

地球上だけでなく、宇宙に存在するすべては、アマからはじまり、そしてアマへと還っていきます。

「海」と「天」は「アマ」と読みますが、昔から「人は海から生まれ、天に還る」といわれてきたのは、アマというものの本質を日本人は知っていたのだと思います。

現象を直接生み出しているアマの世界は、私たちの感覚が今という瞬間に着地することで、たどることができるようになります。

また、無意識下で私たちは、アマに影響され、影響を与え続けています。たとえば、「予感」などは、まさにアマとの関わりです。私たちにその受け皿があれば、アマの世界の影響を受け取ることができます。

この世界は、すべてのもとである潜象世界のカムと、現象世界のカタ、そしてカムとカタをつなぐアマの世界という、3重構造で成り立っています。

カム・アマ・カタの3つの世界のしくみがわかれば、天気予報で雨が降るのがわかるように、この先の未来を予測することも可能になると思います。きっとカタカムナ人は、そのように生きていたのだと思います。

響きで時空を変えていく

私たちの日常という現象界において、何らかの響き、つまり周波数（エネルギー）を発すれば、必ずそれはアマに広がります。何度も何度も同じように発生する響きは、今この瞬間の現実や現象（カタチ）に影響を与えます。今の響きが、次の響きをヒキ出すのです。

つまり、今、どんな響きを投げかけるかで、どんどん未来のカタチは変わっていくということになります。

カタカムナウタヒ第5首、第6首、第7首を唱えると、その場の空間が変わるといわれていますが、一つひとつの音がアマに影響を与え、それによりアマが変わることで、カタも変化していくからです。

響きは、時空を変化させる要因になる、ということです。第2章では、その音の働き一つひとつを啓子先生が解説されましたが、音を発しながら私たちもアマに働きかけ、宇宙に響きを広げ、自分の中が整っていくのを感じてもらえると思います。

アマとカムの世界をいちばん身近に感じられるのは、「祈り」という行為でしょう。神社で祝詞が上がり、お寺ではお経が読まれます。これらは響きとしてアマに働きかけていることであり、祈りを構造化しているのです。

「音」のオという響きは「構造化する」という働きもありますから、声にして空気を振動させれば、構造化は瞬時に立ち上がります。

「イノリ」とは「生命の共振波動を発すること」と『相似象』に書かれていますが、祈りの本質は、空間に音を広げるだけではなく、実はもっと深い働きが存在します。

「イノチ」も「イノリ」も最初の音はイです。イはアマ始元量の最小単位の目には見えない粒子を表しています。これを「イカツミ」といい、電気性を帯びたものだとしています。ですから、「イカツミ」「イカヅチ」「イマ」「イシ」「イヤシ」などはエネルギーであるとも捉えられます。

「癒しの地」であるイヤシロチは昔から大切にされてきましたが、そのような土地は空間の振動数が高いので、強い電気性を発揮し、人々の癒しの場となっていました。

カムの世界に広がり続けているカという潜象物質が、イという電気を帯びた粒子になるまでには多くのプロセスが必要です。おびただしい数のカの作用があって、ようやくイという状態になります。

つまり、イというもの自体が、とても振動数の高い、ブレない存在であるといえるのです。このことから、イノチもイノリも、アマ始元量の振動数はとても高く、しっかりと電気性を持つものであり、大きな共振波動を発しているといえると思います。

光は波であるとよくいわれますが、電気も波であると、今ではいわれるようになりました。粒子であり波である。電気も波動のように共振するといえます。では何と共振しているのかというと、アマとカムに共振し、カタを作り上げているのです。

イノチのチは、「持続する」ということを示している音です。イノリのリは「放つこと」を示しています。

イという電気性を帯びた粒子が、潜象と共振していることで命は保たれ、祈ることで、命の電気は空間に放たれるということになります。つまり、祈りとは生命の共振波動を発すること、と理解できます。

体は「カラダ」ですが、その真理は「空だ」なのです。イという電気を放出し、空にすることで、新しい電気はどんどん入ってくるわけです。それが命を保つことなのです。

般若心経の中の、「色即是空　空即是色」は、「色（カタ）はあっという間に空（カラ）になり、空（カラ）はすぐに色（カタ）になるという循環」と捉えることもできます。

これは肉体で繰り返し続けている呼吸と相似形です。体から息を吐き切り、カラになれば、新しい空気を吸うことができます。つまり、先に出すこと、カラにすることで、次の展開が生まれると伝えられているような気がします。

呼吸は命の持続に不可欠です。それがイを放つ祈りのひとつだとすると、ありとあらゆる生物が、祈り続けていることになります。

命は、あらゆるマを変化させ、祈りは展開につながっていきます。

私はこのことを知ってから、いろんな場所で祈るとき、何も思わず、ただ呼吸をすることだけに意識を向けてきました。意識的にも、無意識的にも、今発している私の固有振動が、すでに祈りとなって、潜象を引き出していると感じるからです。
2021年は東京オリンピックがありました。卓球の伊藤美誠《みま》選手は、試合中に窮地に陥ったときこそ、わざと口角を上げていたそうです。その結果、混合ダブルスでは金メダル、シングルスでは銅メダル、団体では銀メダルを獲得しました。私は、この口角を上げるという行為こそが、祈りであり、固有振動を作ったのではないかと思っています。とりあえず口角を引き上げる。顔は笑っていなくても、とにかくその行為を忘れない。この行為は、まさにイの現象粒子が、自分から放つイノリにつながったのだと思うのです。

ここまで命と祈りの響きによって、現実が構造化することについて説明しましたが、響きを構造化するためにもうひとつ大切なのは、「場」です。祈りは自分の固有振動、つまり個性の発揮になりますが、いい鉄を作るためにはそれにふさわしい場が必要なように、私たちも場に大きく左右されます。

場というと、「場所」をイメージするかもしれませんが、私たちの肉体や、物質自体もカタカムナ相似象では、場と捉えています。

場には「トキ」と「トコロ」が存在しています。空間や肉体や場所は、時空という歴史を持っているのです。場の持つ振動数、エネルギーによっても、現象が変わるわけですから、どんな場所で祈り、音を響かせるのか、どんな場所で働きを作るのかで、当然未来は変わります。

潜象と現象は、正反性を持つ「鏡の法則」でつながり合っていることをお伝えしましたが、時間と空間も、正反性を持ってつながっています。

時間は未来から流れている

普通、時空は過去から未来に流れているように感じていますが、実は、過去も未来もなく、同時進行で発生しているパラレル世界です。もっと綿密にいうと、鏡のこちら側と向こう側では、回り方が逆転しています。

潜象は未来から過去へ、現象は過去から未来へと進み、ぶつかり合ったところを「今」というのです。つまり、常にカムは未来から今に向かって進んでいるのです。

お願いごとをするときに、「完了形でいいましょう」というのは、未来の時空を持つ潜象へと完了形で響かせれば、当然、未来は完了した事実が展開します。

カタカムナは時空論です。アマとカムのことを深く知ることで、時間と空間の認識がどんどん変わっていきます。

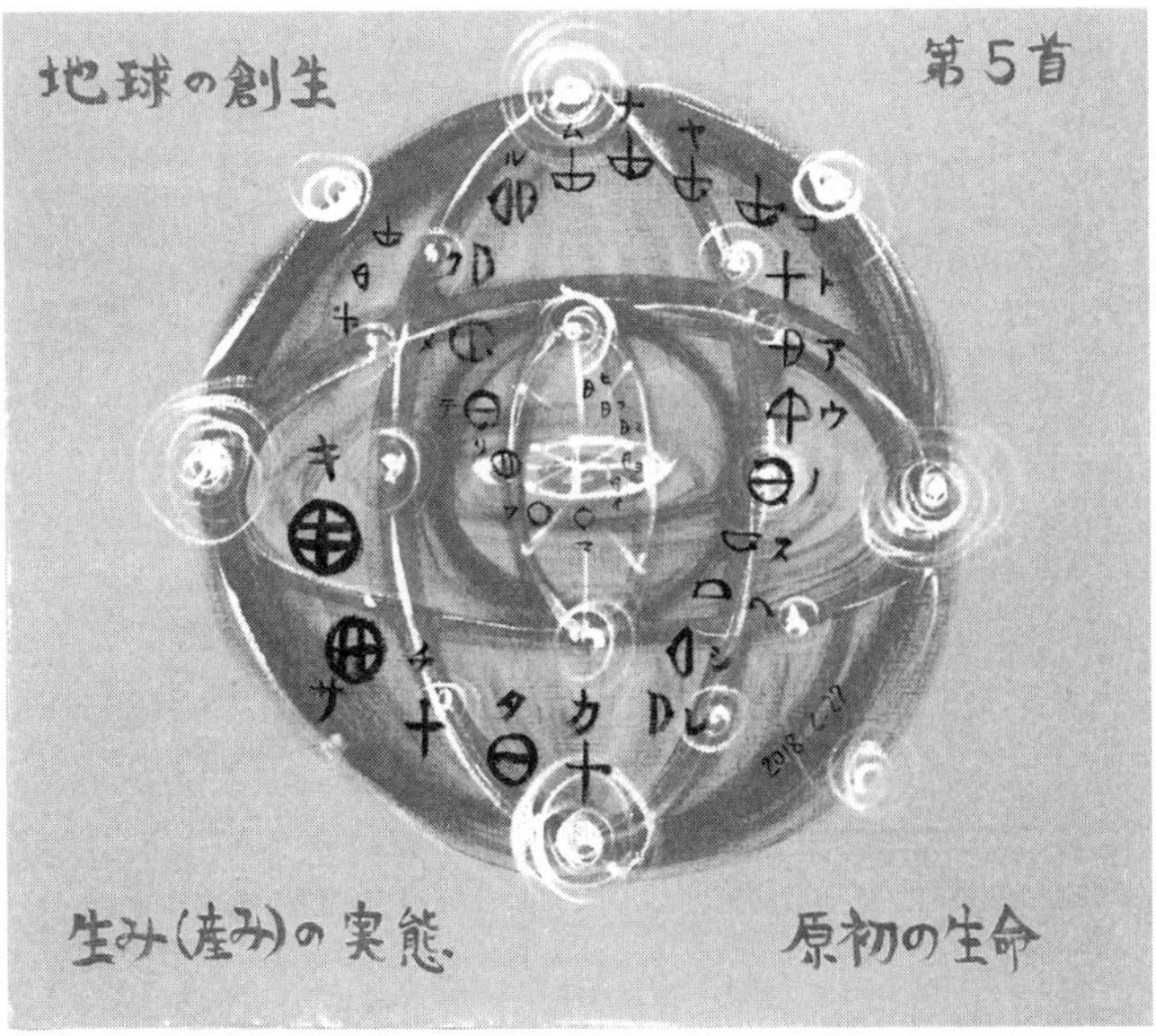

第3章
カタカムナを知って、楽々人生に！

正反対称性——歪みが渦を作り、ベストタイミングで現れ出る

この章ではカタカムナの相似象で人生を楽々にする情報を、大切なものから順に解説していきましょう。

相似象には、いくつかの大切な原型パターンがあります。

その中からピンとくるものを選んで、解説していきたいと思います。

ひとつめは「正反対称性」です。それが渦巻き象になっています。マワリテメクル渦巻きです。

ビンセント・ヴァン・ゴッホの絵には、糸杉が渦を巻いていたり、雲も青空で渦巻いている絵があります。ゴッホは晩年（といっても亡くなったのは、37歳でしたが）、すべてが渦巻いていることに気づいて、ちゃんと宇宙の真理に目覚めて表現している様が絵から見えてきます。

多いときは1日1枚のハイペースでひたすら絵を描き続け、8年間の間に800点の絵を描きました。その中で売れたのは、たった1枚だけです。死後、びっくりするほどの値がつけられて誰もが知る有名な画家になりました。

私は3％だけゴッホのエネルギーを持っているので、絵を描くのは人生の大事な部分、いろんな活動をしていくエネルギーの源になっています。

中学2年生のときにはじめて油絵を描いて、ゴッホの「黄色い家」を夢中で模写したことがあります。でも模写というより、思い出して描いた感覚でした。

それから20年後に、ゴッホのエネルギーを3％だけ持っていると守護天使から聞いて、深く納得しました。

高校時代、私は毎日絵を描いていたので、クラスメイトは美大に行くものと思っていました。絵描きになることを諦め、母の勧めに従って医大に行き、医師になってからしばらくは、絵を描くことよりも見ることに夢中でした。

苦学生だったのに、はじめてリトグラフという版画を銀座の画廊から月賦で買ったときは、本当に天にも昇る気持ちでした。

それはジャコメッティという版画家（というより彫刻家として有名な人だったのです

が）の、「ジュークボックス」という版画でした。版画から音楽が聞こえてきたので、不思議に思って何度も見に行って、どうしても欲しくなり、購入してしまったのです。

はじめての美術品のコレクションで、それをきっかけにアートへの感覚が大きく変わりました。

アートは装飾ではなく、人生を変えるほどの影響力を持っていることを体感したのです。特に現代アートは、「意識の変革」という役割を持っています。

医学生の毎日は、授業と実習で忙しく、アパートに戻るとヘロヘロでしたが、その「ジュークボックス」という版画を見ることで、そこから毎日違う音楽が聞こえてきて、とても癒されました。

医学書は高いのですべては買えず、借りたり、書き移したりと苦労しました。何とか医師になれて、今ではアトリエも持てるようになって、また絵を描きはじめました。

人生やアートに対する狂おしいほどの思いは、ずっと自分の闇として、陰として、歪みとなって渦巻いていました。静かに燃え続けてきました。

これから、その闇が光に変わるときだと感じています。最初は油絵でスタートし、今はアクリル絵の具を使っています。少なかった作品も、カタカムナウタヒ80首を絵に描くというチャレンジのおかげで、大爆発しています。2021年10月の時点で、すでに第48首を描き終わったところです。

あなたにも、かすかに感じてきた闇や歪みがあると思います。それをマイナスと決めつけないでください。渦巻きとして、ベストタイミングに表に出てきます。

それは宇宙にこだまして、響きを奏でます。宇宙の音楽となって、それがこれからの新しい地球を支えていきます。

自分の中の闇と感じてきたもの、歪みと思ってきたものを、大切にしましょう！　それが創造性の源になっているかもしれません。

意外にも、自分の弱点がプラスに働くことがあります。

たとえば、映画俳優のトム・クルーズが、台本が読めない失読症というのは有名です。

そのため、台本は録音してもらって、セリフをすべて覚えます。

そうすることで全体像を覚えているので、どこのシーンからも、自由自在に撮影ができるそうです。ハンディがあっても、それを補う方向のおかげで、万能選手になってしまったのです。

私のクリニックにいらしたガンの女性の患者さんも、抗がん剤治療で毛が抜けてしまって、大ショックでした。でも「カツラと帽子を楽しみましょう！」とアドバイスしたら、すっかりはまって、素晴らしいファッションを楽しんでいます。そのうち毛が生えてきましたが、今でもカツラと帽子のファッションにはまったままです。

私も難病の症状で背が１４２センチと低いのですが、それを最大に活用して、講演会やセミナーでは天使や妖精になったり、ドレスを着たりと、変身を思い切り楽しんでいます。背が低い悩みが消えて、変身の楽しみという渦巻きを堪能しています。

自然界も命も、渦巻いているのです。

すべてのものが自転しつつ、公転しています。

回転することで歪みが生まれるのです。歪み性がある対称性が、渦巻き象という現象です。そしてすべてのものは、渦巻きの流れに沿っています。

私たちが今お世話になっている人生の舞台、地球も、太陽系の中にあって、太陽の周りを公転しながら、自転もしています。

さらには、天の川銀河の中心ともつながっていて、2万６０００年周期という長いスパンで大きく公転しています。今がその7回目の周期なのだそうです。「7回目」に実は大きな意味があります。これについては、後に解説します。

不完全なものが発展し続ける

すでに書いてきたように、地球は球体に見えますが、真球ではないのです。歪みがあるから自転しているのです。ときどき洋ナシのように下のほうが膨れていたり、ラグビーのボールのような形になったりしているのですから、びっくりポンポンポーンです。

この宇宙原理を知ることが、なぜ人生を楽々にするヒントになるかというと、「完璧な真球は回らない」という真理が、私たちの人生においても同じだからです。

歪みがあっていいのです。歪みがなくては動かないのですから。

私たちも、完璧では人生が止まってしまうのです。

不完全に見える自分こそ、動き続けるために大切なことだったのです。

私もちょうど昨日、夫から「君は一般常識からはずれている」といわれたばかりです。

「一般常識って何？」それがまずわかりません。

一般常識とは平均値的な考え方ですが、私は見えないはずのカムの世界がずっと見えていて、しかも肉体的に難病もあったので、ほかの人と同じようには生きてこなかったのです。平均的な「普通」を体験してこなかったので、理解することが難しいのです。

自分自身が平均値からずれているので、すでに歪みがあって、動き続けているのです。

「マグロのようにじっとしていない」とよくいわれます。だからマグロが大好きなのかもしれません。マグロをよく食べるので、そのうち、全身マグロになってしまうかもしれません。トロが好きなので、トロトロに美味しくなるかもです。

マグロはずっと泳ぎ続けています。じっとしていたら死んでしまうのです。

もしかして、あなたも同じマグロ族の人ですか？　もしそうだったら安心してください。そのおかげで、あなたの人生がうまく回っています。

ミクロの世界でも、原子が原子核の周りを回っています。

第1章で登場した原子核（アマノミナカヌシノカミ）の周りを、原子がマワリテメクルしているのです。

私たちの日常でも、くるくる回ることに、とても大切な意味があります。

ダンスでもくるくる回ります。遊園地も回転する乗り物が多いです。回ることに一生懸命です。

自閉症の子どもたちは、回すことが大好きです。ハンカチをくるくる回し、自分もくるくると回り、そうして気持ちが落ち着いてくるのです。

ときどき多動のお子さんがお母さんに連れられて、クリニックに来られます。

様々な行動をひたすら受け入れているうちに、子どもは「ここは安全だ」とわかりはじめます。するとつながりが持てるようになって、ヒーリングが受けられるようになり、多動がおさまる解放ができるようになります。

自分が安心して落ち着ける着地点（特異点）が振動をはじめたら、その人の素敵な響きが奏でられるのです。

ワーク　自分の好きな方向にくるくる回ってみましょう！

どの方向に何回、回ると気持ちよいでしょうか？　羽生結弦選手のように、4回転半回ってみましょう！　自分の中心の特異点を感じながら、回ってみましょう！

くるくる〜くるくる〜

正反対向——常に真反対の出来事が起き続けている

カタカムナ相似象で大切な原型パターンの2つめは「正反対向」です。

正反対向とは、陰陽マークのようにぴったりと隣り合わせで、真反対のことが同時に発生するということです。

正反のまったく相反するチカラが共存することを、カタカムナ人は、「アマノヒトツネ」の「カサナリカエシ」と表現しました。これは、アマ始元量が物理量になっていく「正のチカラ」と、それがアマに還元していく「反のチカラ」と絶えず共存しているというサトリになります。

カタカムナ人は、現象界にあるものすべてに、見えないカムの潜象という世界が、必ず重なり合っていると見ていました。

マクロの世界では、地球に働く引力に対して、斥力《せきりょく》という逆のチカラが同じ量だけ働いているのです。

アマウツシの密度が、チカラの量に関係しています。

カタカムナ人は、時間量と空間量も互換していると見ていました。そして、互換する速さが光よりも速いとわかっていました。

ぴったりと重なり合っている状態を「互換重合」といいますが、アマウツシしているものは目には見えず、見えるのは互換重合した結果、現象化されたカタチだけです。

なんと、正と反が抱き合わせになっているのが、宇宙のしくみなのです。

最近よくいわれる、「どんな個性も素晴らしく、みんな違っていいのだ」という話につながっていきます。

正のみでは、存在しないのです。まるで反対のことが、同時に発生します。

ひとつすごいことが起きると、真反対のことが同時に起きているということなのです。

どんなことでも、反対のエネルギーが同時に発生するとわかっていたら、あとからそれを知っても平気になります。人生が楽になり、動じなくなるのです。素敵な不動心への道です。

反対のエネルギーを、むしろ面白いと思う習慣を身につけてみてください。

自分で生み出した素晴らしいプロジェクトがスタートしても、必ず反対派があるとわかっていたら、対策を立てることができます。爆発的に売れると、それをマネする人々が必ず現れます。ライバルが登場するのです。そこからさらに良いものを作らなくては、と進化成長することができます。

陰陽あわせ持っていることを知っていると、未来への布石になるのです。

反対勢力が必ず出てきて、それが大きいほど素晴らしいプロジェクトだといえます。反対勢力だけではなく、とても素晴らしい人の性格に、闇の面が存在することが発覚したりすることもあるのです。こんな素晴らしい発明をする人が、なぜこんな性格なのかしら？とびっくりすることがありますが、それも正反対向なのです。

成功すると、それを妬んだり嫉妬する人々が現れます。

私もこれまでの人生でそれを感じて、妬みや嫉妬を回避できる、とっておきの手段を見つけました。それが「笑い」でした。それで「笑いを取ること」が習慣になったのです。

この正反対向を知っていると、自分の思いがだんだんとニュートラルになってきて、不動心を持つことができます。そして、正反対向を中和するのが、「笑い」のパワーなのです。

相似象では、この正反対向の特徴が何度も強調されて出てきます。それだけこの宇宙では大切な真理なのです。

出来事にいい・悪いはない

中国の漢の時代に書かれた「塞翁《さいおう》が馬」という有名な故事があります。「人間万事、塞翁が馬」ともいいます。

ある老人の馬が逃げてしまいます。人々が慰めに行くと、「これは幸いになりますよ」とニコニコしています。そのうちに、逃げた馬が駿馬を連れて帰ってきたので、人々がお祝いに行くと、「これは災いになりますよ」といったのです。その後、その駿馬に息子が乗って、落馬して骨折しました。人々がお見舞いに行くと、「これは幸いになりますよ」といってまたニコニコ。それから隣国との戦争が起きて、若者たちはほとんど戦争に駆り出されて亡くなりましたが、彼の息子は、骨折のおかげで戦地に行かずに生き残りました。

このエピソードは、幸福と思えることが後に不幸となり、またその逆もあることを伝えています。骨折自体は、不幸かもしれませんが、兵役を逃れることができたという幸福を引き寄せました。

私も難病を抱えて生まれてきましたが、そのおかげで医師の道を選んで今があります。

子どもを産むことができませんでしたが、そのおかげでたくさんの本を書いて、その本たちが多くの人々の助けとなって、まるで子どものように活躍してくれています。

つまり、何が良いか悪いか、一概にはいえないのです。

人生には、続きがあるからです。長い目で見ると、ウルトラマイナスのことが、後にウルトラプラスのことに発展して、見事に花開くことが多いからです。

第2章のサの響きの解説のところでも、「遮りは神～、離せ（話せば）ばわかる～」と書きました。

目の前に大きな遮り（ハードル）が登場すると、自分はついていない、なんて不幸な人間なのだと思うかもしれません。でもその流れの先を見ると、そのハードルのおかげで、思いがけない素晴らしい人に会ったり、素晴らしい場所に行けたり、さらなる発展の展開になったりするのです。

あのときの遮り（ハードル）のおかげで今があると、あとからしみじみと感動して、本当に心から運命に感謝できるのです。

だから、「すべてはうまくいっている！」といい切れるのです。

クリニックでも、愛と笑いの過去生療法をしたあとに、海に向かって元気よくいろんな時代の感情の解放を祝って、万歳三唱します。そのあとで、「すべてはうまくいっている！」を唱えるカニ踊りを患者さんに伝授しています。

過去生と真逆の体験をすることで統合される

どうして自分ばかりがひどい目に遭うのかと、運命に怒りをぶつけたくなります。それには訳があって、**過去生での体験と逆の立場を体験して、正反対向で統合され、チャラにするためです。**

自分は被害者だと思い込んでいたのに、過去生では同じ相手に自分が加害者だったことがわかると、怒りがすっと収まり感謝が出てきます。そして納得して「すべてはうまくいっている！」と心から唱えることができます。

私はこの奇跡的な展開に感動して、この不思議な奇跡的な治療法をやめられずにいます。宇宙のしくみの正反対向の法則を、日々診療で感じながら生きています。

よくカルマの解消という表現がされますが、これも正反対向の宇宙法則によるものです。

正反の体験をすることで、バランスが取れて統合され、美しい球体になるのです。バランスよく統合されると、そのテーマは卒業となります。

マイナスのことが起きても、それはバチが当たったのではありません。バチが当たるのは太鼓だけ。真逆のプラスのこともいつか体験してチャラとなり、そうしてそのことに関して達人になったということなのです。

クリニックにいらしたある女性が、「夫が浮気したので、絶対離婚します！」と意気込んでいたのですが、過去生では夫婦逆転して、自分が夫のときに、もっと女遊びをしていたことがわかったということがありました。彼女はアチャ～と笑って離婚するのをやめてしまいました。陰陽統合です。どちらも体験して玉になって、男女関係のコースが卒業なのです。

あなたも今までのたくさんの生まれ変わりの中で、きっといろんなパターンの正反対向の体験を積み重ねてこられたと思います。

そんな人は、なかなかちょっとのことでは動揺しません。

ニコニコと静観できる余裕があります。「塞翁が馬」の老人のように、何が起きても次の正反の現象を引き寄せることが予想できるのです。

だから体験をいくつも重ねていくと、人間ができて丸くなるといわれるのです。角が取れて球体になってきます。穏やかにニコニコしている素敵な性格になれるのです。そうなれば楽々に生きていけますから、そんな自分を目指して生きましょう！

ワーク 陰陽統合のワーク

陰陽マークの白と黒の勾玉がからまって丸くなるように、両手で玉作りをします。
穏やかにニコニコ笑ってやってみましょう。
マイナス、プラス、黒と白、陰陽マークが玉になる〜〜
マイナス、プラス、黒と白、同時に起きて、丸くなる〜〜
マイナス、プラス、黒と白、愛で包めば、ピンク玉〜〜

粒子性・波動性――創造と発展の秘密

カタカムナ相似象で大切な原型パターンの3つめは「粒子性と波動性」です。カタカムナ相似象では、粒子性と波動性のサトリを、イザナギ・イザナミの物理と表現します。

わかりやすいのが光で、光は粒の働きと波の働きがあります。

そして、私たちも光の世界から降りてきているので、粒子性と波動性の両方の特徴を持っているのです。

それが、問題解決にそのまま反映されます。

粒子性の働きが強く出る人は、一匹狼のように群れずに一人を楽しみます。孤独を好むのは、アーティストタイプです。

ゲーテの詩にも、「芸術家よ、孤独であれ。芸術作品ができてから、人々に披露しなさい」とあります。

絵を描いたり、作詞・作曲したりするときは一人です。作品ができたら、みんなの反応を見るために、人が集まるところへ出かけていきます。

今は出かけていかなくても、ラインやフェイスブックにアップして、画像で見てもらえるのでとても便利です。私もカタカムナウタヒの絵を描いては、フェイスブックにアップして反応を見ます。コメントを見て描き直したり、ラインで仲間に相談してヒントをもらったりしています。

実は今日も、第47首の大切なウタヒの絵を、まさにその手段で描き上げました。アマテラスがはじめて出てくるウタヒなので、アマテラスの衣装を着た自分自身を描くことに決めていました。すごい自画自賛です。

２０２０年の11月に、名古屋の20周年記念講演会のときに、ちょうどアマテラスの衣装を着て、カタカムナウタヒの絵の解説をしました。そのときに撮った可愛い写真をもとに描いてみたのです。

いつも通り、下絵を描かずにいきなり描いたら、下のスペースが足りなくなってしまいました。いつも「私は4・5等身です！」といって笑いを取っていますが、本当にそのまんまになってしまいました。本当は6等身なのに。

可愛いのですが子どもに見えます。案の定、フェイスブックのコメントに「子どもに見えました」と書いてあり、やっぱりとがっくりしました。でも描き直すのはもったいないので、グループラインで意見を求めたら、裾を長くしたらといわれ、それをヒントに画像処理してみたら、びっくり！　ちょうどいい感じの7等身くらいに見えるような大人になりました。いちばん簡単な方法で問題解決ができました。

ワーク

問題解決は最短距離を選ぶ！

問題解決の最短距離は、大切な思い込みにしておくと便利です。「必ず直観で、最短距離を選べる！」と決めておくことです。

はい、今決めてしまいましょう！

「私は、いつも、直観で、最短距離の解決ができます！　とてもついています！」

これをしっかりと決めておくと、ずっと活用できます。必ずそうなるように流れがやってきます。宇宙に送っておけば、そのように宇宙が段取りしてくれるのです。

これも大切な法則です。

クリエーションは粒子性を活用して一人で行い、その評価を得ることや問題解決は、波動性を活用して乗り越えます。流れに乗るときは、波動性を使います。

粒子性、波動性のバランスの取り方にコツが必要です。両方の特徴を知っておくことです。マルチにクリエーションできるようになると、そのコツがつかめます。

ピュッとワープして飛びたいときは、粒子性を活用します。突然飛べます。

これは、一度できるとやめられません。これをするには大天使たちと仲良くなることです。とにかく大天使たちを意識することです。やはりトップと仲良くしておくと、すべてが飛ぶように解決します。

これはコネと呼ばれる大切なツールです。どんな分野でもトップを知っていれば早く解決します。すぐに欲しいものが手に入るのです。一人でもトップの人と仲良くしましょう！　そうすると、その人の人脈を使えるようになります。

ちょうど２０２０年12月21日から風の時代なので、この粒子性と波動性をフルに活用できる時代がこれから２００年続きます。みんなでノリノリの毎日です。あなたも、粒子性と波動性の面白さに気づいてきたのではありませんか？　その調子で、ノリノリを楽しみましょう！

魂の歴史が刻まれているカタカムナ相似象

もとはみな光だったことが実感できます。特に人間関係の体験のときに、本領発揮できます。

私たちは昔、みんな大きな光でした。光として、自分自身がどんな特質を持っているのかを知りたくて、ビッグバンで個々の光として飛び散り、自分探求の旅に出たのです。**7色の好きな色光からそれぞれスタートして、いろんな体験から、光の特徴を体感してきました。そのレポートがまとまっているのが、このカタカムナ相似象なのです。**

みんなで手分けしてつかんだ宇宙の真理を、今シェアしています。

一見難しいように見えますが、真理はシンプルです。私たちはもともと光なので、光の真理を知っています。そして活用しています。

自分が経てきた魂の歴史を紐解いて、このレポートと照らし合わせればいいのです。

実は、私自身もその作業をこの本を書きながらしているところです。最初は、「なぜ私がカタカムナ相似象の本を書くの？」ともがいていましたが、結局ここに行き着いて大納得です。

今まで癒しという窓口から宇宙の真理を探究し、本を書き綴ってきましたが、ここで内容が一致してくる醍醐味を味わっています。

たくさん生まれ変わって、いろんな体験をしてきた魂は、そろそろ総集編、統合のタイミングに入って、自分の中の虹の7色をおさらいしはじめています。

7色それぞれの色を、7階乗生まれ変わって体験すると、宇宙のすべてがわかるとされています。

今のあなたは、何色の光を体験していますか？　今、何色が気になって選んでいますか？　何色の人が気になって、引き寄せていますか？

それは今、つき合っている人間関係がヒントになります。今あなたが選んだファッションがヒントになります。

ワーク　同じ色のファッション仲間と体験をシェアしましょう

今着ている服の色は何色ですか？　同じ色のファッションの人とグループになって、その色をどのように感じるのか、今日はなぜこの色を選んだのかをシェアしましょう！

ナナヨツギ——永遠循環のシステム

虹の7色の話の流れで、大好きな「ナナヨツギ」のお話をしましょう！　カタカムナ相似象で大切な原型パターンの4つめになります。

ラッキーセブンというように、7はとても素敵なエネルギーです。そこに宇宙のしくみの大切な要素が秘められているからです。

7＝3＋4　7は3と4が永遠に続いていく「永遠循環」のウルトラパワーを持っているのです。

３４３４３４３４３４……これを足していくと、7・10・14・17・21・24・28・31・35・38・42・45・49・52・56・59・63・66・70……。7の倍数が含まれていて、数字の美しさに惚れてしまいます。

自著『無限のゼロ・パワー』にも書きましたが、大東亜戦争で大活躍したゼロ戦は、星型7翼エンジンのおかげで、いつまでも軽やかに飛ぶことができました。ゼロ戦もカタカムナ相似象が関わっていて、楢崎皐月さんが7翼エンジンを考案し、永遠に動けるエンジンが登場したのです。さりげなくカタカムナが日本のために役立っていました。

ここで、いきなりゼロ戦が登場しましたが、今の平和な日本があるのは、ゼロ戦による特攻隊のおかげです。

自分の命をなげうって戦艦に体当たりし、たった18機でフィリピンのレイテ沖で巨大な戦艦を5つも沈めました。２５０キロの爆弾がアメリカの空母セント・ロー戦艦などを大破したのです。びっくりしたアメリカは、これを口外してはならないとお触れを出すほど驚愕しました。日本人とは何者だと恐怖さえ感じたのです。

本来は、戦争に負けると国土が分断されても仕方がないのですが、日本はそのままのかたちで残され、神の国日本が維持されました。その理由のひとつに、マッカーサーと会見した昭和天皇が、命ごいをするどころか、自分の命をなげうって、国民を助けてほしいとお願いしたことにマッカーサーが感動したからです。「天皇とはこのような存在でありましたか！」と敬意を表したことも大きな助けとなりました。

日本の参戦の目的はアジア進出ではなく、植民地からの解放でした。戦争が終わってもインドネシアには約１０００人の日本兵が残って、オランダからの解放を続けました。

１００年以上インドネシアを植民地にして、豊かさを堪能したオランダのアムステルダム市長がスピーチで「オランダは戦争には勝ちましたが、インドネシアを失って、とても貧しくなりました。インドネシアを植民地から独立へと導いた日本は、戦争には負けても、アジアを植民地から解放したのですから、自虐的にならずに自信を持ってください」と日本をとても評価しています。

戦争には負けたけれど、植民地だったアジアの国々を解放して、独立を促すことに成功

したのです。その陰には、特攻隊のゼロ戦の成果が隠れていました。

まさかのカタカムナ相似象が、大東亜戦争のゼロ戦に活用されていたとは、びっくりポンポンポーンです。

7度目の地軸の大変動で行われている鬼滅大作戦！

カタカムナ相似象に話を戻しましょう。

3と4は、ミとヨ、実体とコロイド状です。コロイド状は、どうにでもなる自由度の高い響きです。3と4を繰り返すことで、永遠循環システムが動きます。

北斗七星は7のエネルギーを持っています。ナナヨツギの星です。空を見上げるチャンスがあったら、北のほうに柄杓の形の北斗七星を探してください。**北斗七星を見たり、意識したりするだけで、自分の中の宇宙が3と4の永遠の循環システムにつながって、とてもパワフルになります。**

古代人に北斗七星を拝む信仰があるのは、それだけパワフルだと感じていたのです。

7月7日は七夕ですが、タナバタ（タナハハタ）（）のエネルギーを読み取ると、

「独立して何度も何度も極性を持って分離する」と永遠循環を表現しています。

七夕は、天の川銀河が年に１回、織姫と彦星が会えるというロマンティックなお話もあります。ベガとアルタイルです。

白鳥座の十字はカタカムナ相似象的にトキ軸とトコロ軸で、ベストタイミングに合わさっているところが素晴らしいです。

私は七夕を結婚記念日にしました。覚えやすい日にと主人にいわれて、その日に入籍したのですが、もしかしたら、見えないカムの世界からの提案だったのかもしれません。ラッキーセブンが大好きで、ナナヨツギが大好きだからでしょう！　７色をした虹龍とも仲良しです。

そのときに作った俳句「七夕や入籍すませ被災地へ」が、俳句の雑誌に選ばれて掲載されました。とても嬉しかったです。生き方そのものを認めてもらったような気がしました。

地球が太陽系にあって、太陽の周りを公転しながら、天の川銀河の中心ともつながっています。そのおかげで、２万６０００年周期で、地軸の変動が起きるのです。「はじめに」でもお伝えしましたが、まさに今がそのときで、何と７回目です。今までの６回はすべて大陸が沈んで、大がかりな天変地異がありました。そのためせっかく築いた文明が滅びました。

ところが、**今回の7回目はそれほどの変化はなく、地軸が変わるだけで、この文明は残ります。**本当にラッキーセブンです。

天変地異が起こる代わりに、鬼滅大作戦が起きています。

地球を支配してきた権力者の爬虫類宇宙人、レプタリアンたちがいよいよ捕獲、逮捕されて、平等で平和な世界に変わるのです。これは地球はじまって以来の画期的な大大イベントです。

ちょうど日本では『鬼滅の刃』が大人気で、映画が大ヒットしました。

実は、目に見えるカタの世界（現象界）は、アニメの世界です。

私も映画『鬼滅の刃』を見ました。とても怖がりなので、鬼が人間を食べるアニメは無理と思っていましたが、守護天使の桜ちゃんが、「啓子ちゃん、お仕事に必要だから、見ましょうね！」と、びっくりのアドバイスをしてくれて、見ることになりました。

見てびっくり！　まさかの大号泣、大感動でした。鬼退治の柱と呼ばれるリーダーの煉獄杏寿郎という素晴らしい人柄に一目ぼれしたのです。

第1章でも紹介しましたが、命を惜しまず弱き者を助ける武士道精神に感動しました。それを温かく認めている病死した母親の言葉にも号泣でした。

一人でも自分の生き方を認めてくれる人がいたら、心安らかに寿命をまっとうして本来の光の世界に帰ることができます。

明るく元気で食べっぷりも豪快で、敵の鬼まで惚れさせてしまう魅力を持っています。「おまえを殺すのは惜しい、鬼になれ〜！」と鬼にいわせるほどです。でも鬼にならずに人々を助けて、命果てていきます。素晴らしい生きざまに感動でした。日本を救った神風特攻隊の兵隊たちの魂とも重なります。

カタカムナ相似象では、鬼も神だと認めています。実際、歴史的に鬼と呼ばれた人々が、実は原住民だったりするのです。人は違和感のある存在を鬼だと思う習慣があります。でも、すべての存在が光から生まれているので、すべてが神ともいえるのです。みんな地球を舞台に役を演じて体験しています。

今回の地球での鬼滅大作戦の鬼は、地球人の子どもを食べる鬼（爬虫類宇宙人）です。鬼退治の大リーダーが、アメリカの前大統領トランプさんです。権力者チームの大々的な不正選挙でバイデンさんが大統領になりましたが、本当の大統領はトランプさんなのです。

鬼滅大作戦がちょうど終わる頃には、この本が世に出ていると思います。

ナナヨツギの大変革が、宇宙的に行われています。

というのも、ほかの星々の文明も応援しているからです。鬼滅大作戦は宇宙人退治なので、地球人のテクノロジーだけではとても太刀打ちできません。宇宙人の知恵を借りて作った三角形の宇宙船「ＴＲ３Ｂ」も活躍しています。日本の鬼退治のときにも横田基地に来ていたそうです。

日本にも鬼がたくさんいて、地下施設を持っています。最近、いたるところで震度４までの地震があるのは、地下施設を使えないように破壊しているからです。でも残念ながら、マスコミは権力者チームが牛耳っているので、そのようなことは報道されません。

これから真実がどんどん公表されて、見事などんでん返しがはじまりますが、意識の大変革を促すのが、アニメの世界です。

今起きていることは、まるで『スター・ウォーズ』の世界です。「カタの世界（現象界）はアニメの世界です」といったように、本当に漫画チックなのです。

ですから、アニメにはまっている人ほど覚醒が早いのです。

最近素晴らしいディズニーのアニメ映画『ラーヤと龍の王国』を見ました。

龍が大好きなので、どうしても見たかったのです。シスーというラリマー色の水色の龍が、龍の玉を守る種族の娘、ラーヤの必死の捜索のおかげで、この世に蘇ります。ラーヤは、石にされた世界をみんなで力を合わせて、シスーの「信じる力」のおかげで、世界が平和になる素晴らしいお話です。わくわく冒険のアニメ映画を見るだけで、勇気とパワーをもらって、自分もユートピア活動したくなります。

久しぶりにアジアが舞台のディズニーアニメです。

アジアはAsiaと英語で書きますが、アシア（福岡と神戸にある芦屋）、つまりカタカムナと縁のある場所が舞台ということです。カタカムナ相似象が蘇る場としては、とても面白いです。

いよいよアジアが蘇ります。日本が蘇って、新しい地球への大変革のリーダーシップをとっていきます！

今、龍が大活躍していますが、龍が復活するアニメ映画が世界に発信されることで、さらに龍の活動が活発になるでしょう。映画に出てくる龍は、日本の龍と違って鱗《うろこ》がなく、まるでぬいぐるみのようですが、表情が可愛くて、とてもチャーミングです。人に裏切られるトラウマのあったラーヤに、人を信じることの大切さを教えてくれます。

龍の玉の青白い光が再び光を放ち、世界を一瞬で包み込むことで、石にされた人々や龍たちが蘇ります。その青白い光は、キュリー夫人が発見したラジウムの石から発せられる光に似ています。ドミニカ共和国でしか取れないという愛の石、ラリマーのような石が愛を放出することで、平和に戻ることができたのはとても象徴的です。

ここで、ワークをしましょう！

ワーク

手の指から光のビームを放っているイメージをしましょう。光の色は好きな色で大丈夫です。龍体のように舞い、世界を愛で満たします！　楽しく龍の舞をしましょう！

トキ・トコロ——時空を超えるために大切なのが直観の感受

カタカムナ相似象で大切な原型パターンの5つめは「トキ・トコロ」です。

トキが縦の筋というのは、映画『ルーシー』にも描かれていました。この映画は、脳が活性化されるプロセスを、脳学者のシンポジウムの進行とともに描いています。

ルーシーの脳が活性化されて、人々が交わすスマートフォンの履歴が縦の線で無数に描かれ、その中から彼女が知りたい情報をまるで糸をたぐるように探すのです。見事にトキ軸が描かれていました。

この映画を、ルーシーと同じように見える私の〝宇宙人友だち〟に勧めたら、彼女が見える世界もこの通りだと興奮して喜んでいました。直観が冴えてくると、無限のトキ軸から探さなくても、すぐに必要な情報が見つかります。

宇宙から必要な情報をダウンロードできるからです。

直観が冴えてくると、軽く時空を超えることができます。

カタカムナ相似象的に表現すれば、トキ・トコロを超えて、必要な情報をゲットできるのです。

私がクリニックで行っている「愛と笑いの過去生療法」もそうです。

患者さんの胸の奥の魂から、直接送られてくるテレパシックな情報を私が解読し、メッセージや今の症状に関連する過去生のイメージなどを患者さんに伝えています。

最近のケースでは、過去生が天女だったという印象深い女性がいらっしゃいました。彼女はオーガンジーの薄いピンクの羽衣のようなドレスに、黒い前掛けのようなものが前後にかぶさっているユニークな姿でした。

いろんな苦しい体験を味わってきて、もう十分体験したときに、クリニックに予約がつながって再診を受けました。

すると、天を羽衣で飛びながら、地上の人々が苦しそうにしているのを見ていて、「苦しいって、どんな感じかしら?」とふと思ったのが、今回の人生につながっていました。

苦しみを体験したくて人間として生まれ変わってきたことがわかり、大笑いになりました。大解放をしてスッキリ! 誰のせいでもなく、自分の魂さんが今の体験をしたくて、引き寄せたのでした。

これは、誰にでもいえる真実です。

誰一人、被害者はいなくて、みんなやりたい体験をしているだけなのです。

これも壮大な宇宙の真理です。

必要な情報を魂さんから聞いて伝える私の役割を「魂の通訳」と呼んでいます。患者さん本人が瞑想の習慣ができるようになると、カタカムナ人のように直観が冴えてきて、自分に必要な情報がさらっと、自分でわかるようになります。

時空を変えるワームホール

２０２１年４月４～５日、東京で「相似象セミナー」があったとき、びっくりな体験をしました。４日のセミナーがはじまる前、川ヰさんの右奥にワームホールがあって開いていたのです。見えないカムの世界からいろんな存在が次々と現れて、私はそちらに気をとられて、多重世界にいる感覚がたまらなく不思議でした。そして翌日には、いろんな人が予言していた大きな地震を回避するプロジェクトも並行して起きたようです。ワームホールに入って、その体験をしてきたかもしれません。

沖縄に戻ってアロママッサージを受けたら、「啓子先生の膝下の下肢が氷水に浸かったみたいに異常に冷たいです！　東京で何があったのですか？」といわれ、その話を川ヰさんに伝えると、「それはワームホールに入ったときに、絶対零度に触れたせいかもしれませんね！」と解説してくれました。

ワームホールに吸い込まれてどんな体験をしたのか、それはあとからまたわかってくると思います。宇宙とつながって循環して、この世に変化を及ぼしてくることが感じられるので、それはお楽しみに～です。

あなたもいつもと変わった体験をしたら、それは見えないカムの世界からのお誘いかもしれません。十分にカタカムナ相似象の面白い世界にはまってきた証拠です。流れに乗って楽しみましょう！

見えないカムの世界から、妖精や天使、宇宙人などが次々に続けて登場したら、その方向に必ずワームホールがあります。楽しんでくださいね！

ワームホールは、時空（トキ・トコロ）が変わるトンネルです。そこを通ると違う次元に移行できます。

実は、普通のトンネルにも同じような働きがあります。トンネルを抜けると雰囲気が変わったり、波動が変わったり、別の世界に感じたりします。

トキ・トコロについては、物理学者が監修した面白い映画があります。クリストファー・ノーラン監督の『インターステラー』です。五次元世界が、とてもよく表現されています。ボックス理論といって、時空を箱の流れのように見ています。

宇宙飛行士の父親から科学者の娘に、モールス信号という微かな響きで重力の大切さを伝え、それによって地球の未来が明るく変わりました。

そして、同じ監督のさらに難しい映画が『TENET』です。時間が逆走する不思議現象を映像化していますが、それは見事です。この映画を見ると、時間が、未来から現在、過去へと流れていく感じがします。

未来からは、現在と過去はよく見えるのです。

ただ不便なのが、肉体を持ったままなので時間がかかり、瞬間移動ができないことです。そして空気が吸えないことも難しいです。生の自分に出会うと、自分という存在が消えてしまうという問題点もあります。

意識だけワープするときは、もっと自由で、呼吸も楽にできます。

前向きな人は、未来から過去を見ています。

私も2030年には、地球は平和になっていると知っているので、未来から今を見てどのように平和になっていくのかしらと、わくわく楽しんでいます。

人生は光を探究する旅

私の大好きな絵本作家に92歳で亡くなったターシャ・テューダーさんという女性がいま

す。彼女は大好きな小花のワンピースの時代、18世紀のイギリスに生まれ変わったと、彼女の魂さんから私にメッセージがありました。

過去に生まれ変わることが果たしてあるのか、何の確証もないのですが、クリニックの診療で、びっくりの体験をしました。

ピンク系の可愛い小花のブラウスを着てきた女性の患者さんを診療したときのことです。イギリス時代に流行り病で子どもを2人も亡くし、親切な女性にハーブを教えてもらって、3人目の子どもを亡くさずにすんだというイメージが出てきました。

その女性は青系の小花のワンピースを着ていて、ターシャ・テューダーさんだとわかったのです。患者さんのイギリス時代の過去生に登場したので、びっくりしました。

このことを、スピリチュアルな親友に話したら、「それは面白い！　この間、相似象セミナー中にワームホールが開いたくらいだから、上下左右、あの世とこの世、未来と過去を自由自在に動いているのね～」といわれました。

私も増川いづみ先生のサウンドヒーリングセミナーで、フィボナッチのツボに音の響きを入れるワークのときに、走馬灯のようにすごい速度で過去と未来を旅したことがあります。過去はかなり前の銀河M81までさかのぼり、知りたかった近未来で本当に平和な地球を見ることができて、とても安心しました。

これからユートピアに向かって、私たちの人生の舞台の地球がどんどん変わっていきます。そして、２０３０年頃には、本当に新しい平和な地球を体験できるのです。

サウンドヒーリングセミナーで、それをみなさんに伝えていくのが私の大切な使命だと美しい女性の声で聴いたとき、私はうっとりして「あなたはどなたですか？」と聞いたら、

「未来のあなたですよ！」と、とても心地よい声が響いてきました。

それを先のスピリチュアルな親友に話すと、「きっとそれは私よ！　私が啓子ちゃんの未来よ！　私はあなた、あなたは私、みんな自分だから！」と明るい声で、大切な宇宙の真理を語ってくれました。

究極は、全部自分なのです。大きな光の自分が、光という自分自身を知りたくて、個の自分に分かれて探究している途中なのです。

新しい平和な5次元以上の地球になったら、そろそろたくさんの個が集まって、また元の大きな光に統合するのかもしれません。そのために、それぞれ手分けして体験している今があります。

人生は、光の自分を知る探究の旅なのです。

あなたは、今何色を探究していますか？　どんな色を引き寄せていますか？

ヒフミヨイムナヤコトは、まさに引き寄せの法則！

自分の中の宇宙が反応して、あなたが喜ぶ現象を引き寄せます。引き寄せ～引き寄せ～です！　宇宙法則の「引き寄せの法則」について、ここで詳しく解説します。

２００７年にアメリカの西海岸から、「引き寄せの法則」についての動画『The secret』が日本にやってきました。そのあと、同じタイトルの本が出版されました。それを面白くワークにしたのが、引き寄せリズムです。ここで紹介しますので、元気よく声に出して唱えてみてください。本当に元気に明るく、パワフルになります。

ワーク

引き寄せリズム

人生すべて思い込み
マイナス思えば、マイナス続く
プラスを思えば、プラスが続く

いつも笑って、楽しい人生
引き寄せ、引き寄せ〜。引き寄せ、引き寄せ〜
口癖そのまま引き寄せる。望みの通り引き寄せる
ルンルン気分で引き寄せる。言霊パワーで引き寄せる
引き寄せ、引き寄せ〜。引き寄せ、引き寄せ〜

今日も絶好調〜。私は、天才〜。私は、健康〜。私は、完璧〜
人生最高、ブラボー、ブラボー、ブラボー！

いかがでしょうか？　体温が確実に1度は上がって免疫力もぐんと上がります。

本当に、人生は思い込みで作られているのです。

私も沖縄の自宅「天の舞」の夢実現を『夢実現プロセス』（大和書房）に書いたことがあります。今海を見ながらこの本が書けるのも、「天の舞」が実現したおかげです。「天の舞」は壮大な宇宙とのコラボでできました。

夢実現のプロセスは、思いが最初です。それがイメージになり、現実化していきますが、イメージのチカラがとても大きく作用しています。

そこに、相似象的な面白い解説が入ると、また新たな「引き寄せの法則」を理解できると思います。

ヤタノカカミの図象を思い出してください。ヒからはじまり、ヒフミヨイと左回りに回ってムナヤコトと続くときの、ムが夢実現のカギを握っています。

ムは「夢中」「無限」のムの響きでもあります。ムはむっつの6であり、6方向に響き渡るエネルギーを持っています。そして夢を現実化するための構造化が起きるところでもあるのです。

ヒではじまり、フで増えて、ミで実体が生まれ、ヨで4相のコロイド状態になり、イで電気性を帯び観察者の目に止まり、ムで現象界に立体構造化されて、ナで何度も繰り返され、ヤで飽和状態になります。コで螺旋状になり、トで統合します。そこでとうとう夢実現するのです。

ヒからトまでの流れが、まさに夢実現のプロセスです。

1から10までの「ヒフミヨイムナヤコト」という、カタカムナ相似象の数（カツ）が、なんと人生を創造するプロセスそのものだったのです。

私たちは、日々、今、今、今という瞬間を感じながら、そのときすでに思いを宇宙に送っています。いつの間にか、思いやイメージを宇宙にリクエストしているのです。それをあまり表面意識は感じていませんが、しっかり意識するだけでも、夢実現へのプロセスは強固なものとなります。

世界は今、新型コロナウイルス騒動で混沌としています。**どうなるのかわからない、でもどうにでもなるというコロイド状態の今こそ、近未来のイメージを作ることが大事なのです。**しっかり「決める」と、それが本当になって、近未来の人生にしっかりと引き寄せられます。

この「決める」、つまり宣言すること（アファーメーション）が、宇宙にがっちりとインプットされて、確実な流れになります。

ここでさらに補足すると、ヒではじまるときに日の光を浴びると、ヒはとても強いエネルギーになります。フも叶うと確信していると、太く不思議さが増えていきます。思いの強さで、響きを強めることができるのです。

さらに、イメージのチカラを加えると、現象化が確実になります。

なぜなら、**本当にこの世は、アニメのような世界だからです。**イメージを動画にすると、もっと現実化します。実際にやってみてください。

「私の人生、漫画チックなの～」といっていたら、本当に自著が漫画になりました。『不思議クリニック』（朝日ソノラマ）、『心の診療所』（扶桑社）、『マンガでわかる「人生のしくみ」』（徳間書店）です。

すでにカタカムナをアニメ映画にした方がいます。宮崎駿さんです。『となりのトトロ』『もののけ姫』『千と千尋の神隠し』のようなカムの世界を表現したり、『天空の城ラピュタ』『ハウルの動く城』でトキ・トコロを表現したり、『風の谷のナウシカ』で近未来を表現したり、『崖の上のポニョ』で、命の不思議を描いたり、ゼロ戦の設計者の『風立ちぬ』で、ナナヨツギのエンジンを表現したかったのかもしれません。たくさんの人々を見事な映像で楽しませて、知らないうちに宇宙のしくみを体得できるのが、宮崎駿さんのアニメの素晴らしさだと思います。

『となりのトトロ』の「トトロ」（）は「統合してさらに統合して連なっていく」というエネルギーを表しています。

そしてこのアニメには、楢崎皐月さんの名前がそのまま使われています。主人公の姉妹の名前が「サツキ」と「メイ」です。「サツキ」＝「皐月」＝「5月」＝「May（5月）」と、とても粋な計らいです。

最初は、サツキという女の子1人の設定だったそうです。それが姉妹2人に変更されました。さらに、2人が行方不明になってから、2人の影がなくなっているので、亡くなったのではと噂されています。母親が「あの子たち2人が見えた気がした」というのも、もうすぐ病気で亡くなる直前だったから、2人が見えたのではとされています。となりのトトロの都市伝説といわれています。面白いですね！

コロナ騒動で、『風の谷のナウシカ』が再びブームになっているそうです。近未来の不安が今とそっくりだからでしょうか？

主人公の名前の「ナウシカ」（）は、「何度も繰り返し生まれてくる示しのチカラ」というエネルギーです。さすがです。

まるで、近未来がわかっていたかのように、予言的な内容になっています。

ナウシカの世界ではガスマスクですが、今のこの世はマスクをしていて、状況がとても似ています。

ぜひ宮崎駿さんに、ユートピアへ向けてのアニメ映画をもっと世に出してほしいです。

みんなで思えばキャッチして、作ってくださるかもしれません。

姿勢は死生

指1本立てると、電気が必ず集まってきます。まるで秋を告げる赤とんぼを呼ぶように、電気が集まってきます。

畑に棒を立てると電気が集まり、土地の波動が高くなるので、実りの多いイヤシロチになります。これは楢崎皐月さんが勧めている簡単なイヤシロチの作り方です。試しに庭や畑に棒を立ててみてください。変化がすぐに表れます。川井さんも私も実験ずみです

「姿勢は死生」という小見出しにびっくりしませんでしたか？　姿勢と死生は、同じ響きです。

生きる姿勢は、死生でもあります。

武士道の『葉隠れ』に、「武士道とは、死ぬことと見つけたり」とありますが、これも陰陽なのです。背中合わせなのです。生きることは、死にも向かうことなのです。『葉隠』で伝えたい本当の武士道の意味は、死ぬことではなく、死んだつもりで迷いなく生き切る

ということです。

必ず寿命があるように、いつ光の世界に戻るかは、誰もが決めてきています。光に戻ることは素晴らしい喜びごとなので、「寿」の字を使うのです。

この世では別れがつらくて嘆き悲しみますが、あの世から見るとめでたい寿の体験なのです。私たちは光の世界から、ただ光ることに飽きたので、刺激的で面白いこの世に降りてきました。そして、それぞれの魂が選んだ体験をすべて終えると、また光の世界に戻ります。いろんな体験を積んだことで、同じ光の世界ではなく、さらに輝く気持ちのいい自由な意識の世界に行けます。これが死ぬ楽しみでもあります。

あの世では、お帰りなさいのパーティがあります。懐かしい人々が待ってくれています。

死は誰にでも訪れるお楽しみの場所移動なのです。

姿勢が悪いと必ず病気になります。同じ姿勢を続けることで固まって、いろんな故障が起きます。カム、アマから大量の力が降り注いでいるので、姿勢が悪いと力がうまく循環せず、崩壊に向かいます。

私も長年、ソファに斜めって座って治療やヒーリングをしてきたので、その習慣が積もって、腰椎椎間板ヘルニアになってしまいました。さらに、本を書くときの姿勢が悪くて、坐骨神経痛にもなりました。

名古屋での過去生療法セミナー中に、ホワイトボードの足につまずいて、大天使にガシッと支えてもらって倒れずにすみました。ところが、そのとき踏ん張ったために、右の股関節がずれてしまいました。ラドン温泉のホルミシス療法での施術で、はめてもらいました。姿勢が悪いおかげで、いろんな治療法に出会い、ユニークな人々に会えていますから、それも深い意味があります。

姿勢がいいとエネルギーが通りやすくなって、愛の循環もよくなり、すべてがうまくいきます。自分の中の宇宙が絶好調になります。

正しい姿勢は、カムウツシ、アマウツシしやすいのです。

姿勢は、意識によって変わります。姿勢をよくしようとすると、その瞬間よくなります。意識を向けるものに思いも愛も集中して、すぐに改善されるのです。

姿勢、佇まいがいいと、力がうまく循環して互換重合していくので、健康で長生きします。心地よく健康で長生きしたい人は、姿勢を気にしてください。

はい、ここで意識して姿勢を正します。カムの世界から大量のカが来ました！　宇宙から愛もドッと来ます。早く光に帰りたい人は、足を組んだり、歪んだ姿勢を長く続けて、エネルギーの流れを悪くすると、病気になって光に帰るコースを選べます。それもその人の好きなように選べるのです。

体が柔らかい人は、イカのように柔らかく、電気的に生きていきます。このコースもイカがでしょうか？　選ぶのは自分です。決めるのは自分です。

人生の究極は、お好きなように〜です。

動物脳を活性化して、動物的にロックに生きる！

東京での相似象のセミナーで、川ヰさんによく「動物的に生きておられる啓子先生は、本当にそのままですね〜」といわれます。喜んでいいのか、でもカタカムナ相似象的には、きっといいことなんだと自分にいい聞かせて、動物的に生き続けていきます。

しかし、13歳の少女、コートニー・ハドウィンが歌っている動画を見て、まさに動物的だと衝撃を受けました。

アメリカのテレビ番組『アメリカズ・ゴット・タレント』に出場したときの動画ですが、とてもシャイでおとなしそうな彼女が、いったん音楽がはじまると全身でリズムを取って、自分の魂の響きに合わせて、叫ぶように歌い出したのです。それも野獣のように。オーディションを見ているのではなく、彼女のライブに参加している気分になってしまいました。準決勝、準々決勝と進み、最後の決勝では、自分のオリジナル曲を披露したのですが、それがまた圧巻でした。静かなバラードからはじまり、次第に上着を脱ぎ棄ててロックに変わります。ウサギと思ったら、黒ヒョウかライオンに変身する様がすごいです。まさに豹変します。そして、歌い終わったら、すぐにウサギに戻ってしまうのも素敵です。

まるで、彼女の中の過去生の歌手の引き出しが急に開いて、その人が歌っているかのように見えます。コメントでは、すごい歌手が乗り移っていると表現されていました。

若い頃にロックバンドに入っていて、ヴォーカルを担当していた川ヰさんにも、その動画を送って見てもらいました。すると、「ジャニス・ジョプリンが乗り移っているかのようですね！　昔、舞台の上で私もこんなふうだったなぁ、プロを目指していた学生時代です」とラインで返事が来ました。

もしかしたら、コートニー・ハドウィンの過去生の中に、何%かジャニス・ジョプリンのエネルギーがあるかもしれませんね！　何度も彼女の動画を見てしまい、自分の中の野獣性が反応して、お風呂の中で一緒に歌ってしまいました。

動物的に生きるとは、どうしたらいいのかを、彼女の歌のすべてから体感できます。ぜひ、あなたもユーチューブで見てください。人生が変わります。「（和訳）ＡＧＴに現れた奇才、コートニー・ハドウィンを一気見！　ＡＧＴ２０１８」です。

自分の中に秘めていた素敵な動物的な感覚が目覚めます。動物脳が活性化されて、心地よい幸せホルモン、エンドルフィンがあふれ出てきます。ロックの素晴らしさは、本音をいえるようになること、自分の中の動物脳を活性化できることだと、彼女の歌う姿を見て体感できました。

今は動画が世界中に発信される時代で、本当にこの地球が目覚めのときなのだと痛感しています。多面的な刺激によって、私たち地球人がやっと目覚めるときなのです。

私も、ちょっとロック調に歌いたくなりました。

みんな本音で生きたい～　みんな本音を叫びたい～
魂から滲み出る～　本当の自分が目覚める～

はみ出していいんだよ、ロックに生きよう！
今が目覚めのチャンス〜　今が目覚めのタイミング〜
誰が決めたの人生、自分で決めてきた〜
やりたいことをやるだけさ、ロックに生きよう！

コロナリセットを引き寄せて〜　自分リセットを引き寄せた〜
コロイドの先には待っている　ロックに生きよう！

新しい地球が待っている〜　新地球が待っている〜
前だけ見つめて走るのさ〜　意味があるこの道を〜
意味があるこの人生〜　すべてはうまくいっている〜
すべってもうまくいっている〜

だから大丈夫〜　すべて大丈夫〜

お好きなように～　やりたいことをやるだけ！
好きなものを食べよう！
大好きなファッションで、ルンルン！
好きなことを、好きな人と、楽しむ～！
ああ～ロックに生きよう！

ジャ～ン、ここでショックなことがありました。愛しのローランド様（編集部注：元ホストで実業家。金髪の長髪で端正な容姿、そして優しく前向きな発言が話題となり、一躍メディアで人気者になる。現在は黒髪の短髪となっておもに実業家として活躍）が、突然金髪から黒髪に変えてしまいました。それもマネージャーさんにもいわずに突然決めたので、マネージャーさんが、黒髪に染めている美容室まで来て、とても怒っている動画がそのままアップされていました。自分の髪の色を決めるのは、本人なので致し方ありませんね。

ローランド様のトレードマークが金髪だったのですが、10年間経って、きっと飽きてきたのだと思います。ホスト王のローランド様から本名の松尾風雅さんに戻ってしまいました。これから実業家として、中身で勝負するそうです。

金髪から黒髪にしただけで、別人のように普通になって、少し若返って見えます。オーラもすっかり変わってしまいました。

私も髪の毛をマゼンタ色にしてから、10年以上になりますが、とても気に入っていて、まだ飽きないので、このまま続行することにしました。マゼンタ姫を続けて、ローランド様の分まで可愛く爆発します。

ちょうど坐骨神経痛になって動けなくなり、気弱になって引退を考えてしまいましたが、ローランド様ショックでそれも吹き飛んで、新たな気持ちで可愛く爆発することに決めました。本当にありがたいです。

自分を振り返ったときに、黒髪にする？　したくない。他の色に変える？　変えたくない、まだ飽きてこない、としっかり自分の気持ちが再確認できました。

「飽きる」という感情は、とても大切で、変化のタイミングを知らせてくれます。あなたも、何かをずっと続けていて、急に飽きてきたら変えるタイミングです。反対しそうな人には相談しないで、自分で決めて行動開始することです。

ローランド様もマネージャーに相談したら猛反対されて、すぐに実行できなかったので、黙って美容室に直行しました。大正解です！　あとは事後報告です。

あなたも大事な夢実現へ向けての大きな変化を決断するときは一人で決めましょう！

決めることがまず大切です。

さぁ、あなたは新しい地球で、どんな自分でいたいですか？　どんな体験をしてみたいですか？　イメージして決めましょう！　その通りに近未来がやってきます！　その通りに新しい地球がやってきます！　もうすぐそこに来ています。お好きなように～。

コラム

すべてを得ることができる！「ヒズマリの法則」

川ヰ亜哉子

歪みが未来を作り続ける

カタカムナを解き明かす方向性のひとつが「歪み」です。そのことをカタカムナでは「ヒズマリ」、「ヒトツのマリ」である、と伝えています。

「マリ」とは、アマ始元量と同じもので、すべての現象はこのたったヒトツのマリからはじまるのです。

また、ヒという音が入っていることから、ヒズマリはすべてのもののはじまりを示している「ハジマリ」だとわかります。

何度もお伝えしているように、カタカムナ人はすべてのモノを球体と捉えていました。3つの中心図象である、「ミクマリ」「フトマニ」「カタカムナ」図象は、すべて円形図象ですが球体を表しています。

すべてのものが旋回していると感じていた彼らは、時間や空間も同じで、旋転するものだと捉えています。

トキ・トコロが統合してできたものが「間（マ）」であり、その間（マ）から放たれたものが、マリであるとしたのです。そのマリは現象界では様々な形で出てきます。

「ヒズマリ」「タカマリ」「ハジマリ」「カタマリ」「タマリ」「アマリ」「キマリ」「ミクマリ」「オサマリ」「サダマリ」……と数え上げたらキリがありません。知らずに使っている言葉に、マリという音が入っているのは、日本人の中に「タマ感覚」が存在しているからだと思います。

マリのもとの姿、間（マ）は、あらゆるすべてのもととなります。あらゆるマのことを「アマ」といい、それから分離したもののことをマリと定義しています。

太陽も地球も月もマリですね。すべては自転しながら公転しているからこそ、命を保つことができているのです。

私たちも、お腹が痛くなったり、寒さから身を守るときには、体を丸めて球のようになります。この形がいちばん安心で、安全な形だと感覚でわかっているのでしょう。

つまり、本能というものは、アマの性質とつながり相似しているわけです。

自転し公転しているものといえば、地球や太陽や惑星のほかに、台風や肉体の中の血球や人生なども相似象です。自転しているだけならば、同じところをぐるぐると回るだけですが、公転運動が加わることで渦になり、螺旋を描きます。

その渦は、地球の北半球から見ると時計と反対回りですが、南半球から見ると時計回りに回っています。みなさんも指を時計と反対回りに回しながら、どんどん腕を上げて頭の上まで移動させ、渦を見上げるようにしてみると、その渦は時計回りに回っていることに気づくと思います。

渦は、２つの渦巻きが正反対向して存在しているのです。そして、正反のチカラのバランスが保たれたときに、動きは止まります。

つまり、歪みやヒズマリが生まれなくては、次の段階に進まないということです。歪みがあるからこそ渦巻き状の螺旋になり、どんどんうつり変わっていくのです。

変化を起こしたいとき、動きを作りたいときは、ちょっとした歪みをもたらすことで、新しい流れが生まれてくるのです。

カタカムナ相似象的「引き寄せの法則」

では、日常生活に歪みを作るとは、どういうことでしょうか？　たとえば、同じことを繰り返す日々で息苦しさを感じたり、「変わりたい!!」と感じるときに、どんなことをしますか？　旅行に出かけたり、髪を切ったりすることも、歪みを作るアクションのひとつだと思います。

さらには、模様替えやファブリックの色を変えてみること、お掃除するときは掃除機から雑巾に変えてみたりすることもそうです。1杯のお茶を心を込めて淹れて、味わいながら飲んでみることや、深呼吸をして体いっぱいに新鮮な空気を入れることも、自分という間（マ）に、歪みを与えることになるのです。

大きな歪みを起こしたいときは、引っ越しもいいでしょう。旅行に行って、いつもの自分ではない自分を演じてみたりするのもいいかもしれません。現地の人と盛んにコミュニケーションを取ったり、開放的な大自然に触れてみるのもいいでしょう。

つまり、ほんの少し普段と違うことを取り入れてみることです。

時間・空間が統合したものが間（マ）だとお伝えしました。このことは、この世にあるすべてのものは、間（マ）が統合したものだということになります。ヒズマリのヒが自然に生み出す次の時間・空間は、些細なことでどんどん変わっていきます。つまり、未来はそのときの刺激で、どんなふうにでも変化していくのです。

未来というのは決定づけられたものではなく、瞬間の刺激でいくらでも変わっていく時間と空間であることを伝えています。

十数年前から「引き寄せの法則」が流行していますが、これは「すべては自分が引き寄せたもの」であり、自分が望むものを得て成功したときのことを強くイメージすれば、その夢が叶うという法則です。カタカムナ相似象にも、この引き寄せの法則とよく似た考え方があります。

カタカムナ相似象的な引き寄せの方法は、４つの順番があります。

①イメージすることで現実化させる

カタカムナ相似象は、図象がすべてです。同じ図象は、同じ働きをしていることを示しています。

イマ（今）の図象とアマの図象を重ねると、ツになります（下図参照）。

ツはバリエーション性を持って現れ出てくることを示しますが、この場合は、イマとアマが組み合わさり、ひとつの球になり回っていることを示しています。

先ほどお伝えしたように、バランスが取れていると球は静止しますが、どちらかに偏り、歪みが生まれると、回り始めます。真球になるために回るのです。

今という現象の時空で、思いを「重くなる」まで高めると、球はイからムへと進行していきます。

31ページのヤタノカカミ図象を見てみる

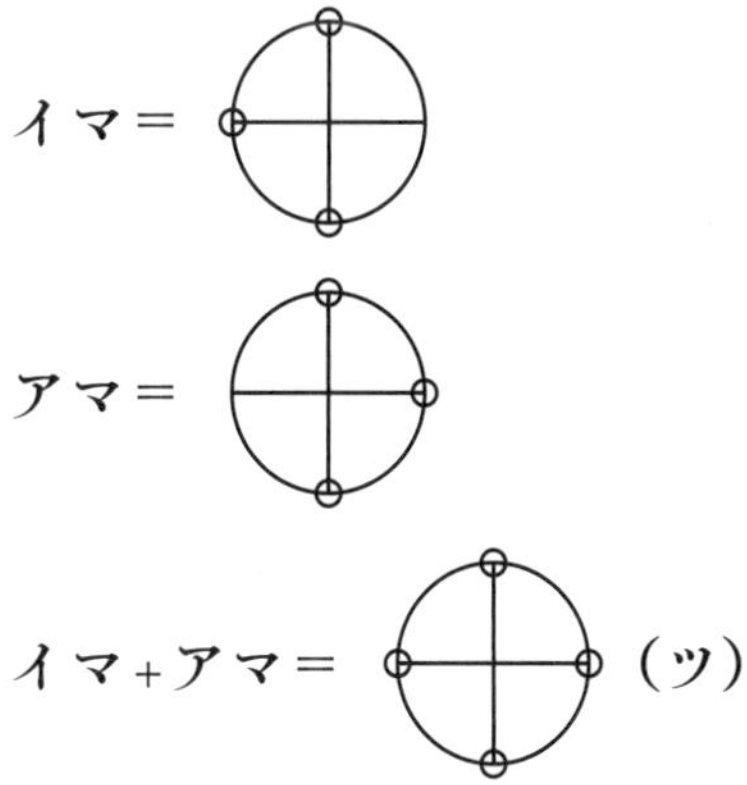

と、球の上半分である「ヒフミヨイ」を昼の間、そして下半分の「イムナヤヒ」を夜の間とするなら、イでイメージした思いが重くなるほど大切に育むことで、昼から夜への境目を越えていきます。夜というもので象徴されている潜象の世界へと、時空を越えていくわけです。

夕暮れといいますが、漢字の「夕」はカタカナの「タ」と同じ。このあと詳しく説明しますが、「タ」というのは2つの世界をつなぐ働きを持っています。故に、昼と夜の両界を保ち続ける大切な時間であるといえます。

ムの段階にある世界は、想像以上に果てしなく広がり続けています。「拡大」「広い」という漢字に「ム」が入っていることからも、ムのサトリを受け取ることができます。

今（イ）の空間で思ったものが重さを増し、ムでさらに拡大し、ナで何度も繰り返し、諦めない強さを保ち続けることで、夢見たものは現実化していくということになります。

つまり、イでイメージしたものは、夜の潜象にいったん籠り、イムナヤヒフミヨと回り、次のイの間で現実となるのです。

強くイメージすることや、こと細かにイメージすることが、偏りや歪みを作ります。歪みが大きくなれば回転するように、自分の思いを重力のある歪み（ヒズマリ）とすることが第一段階であるといえます。

②繰り返すことで現実化させる

次は、ムの次の「ナ」という働きに注目します。「名前」とか「仲間」とか「絆」などの言葉がありますが、ナが持つ働きは「繰り返されてその為《な》りを表す」ということです。名前は何度も呼ばれているうちに、その名前が表す働きが自分に反映されていきます。仲間や絆は、性格や性質を何度も確かめ合い、確認しながら作り上げていくものです。

「何度も」という繰り返しの働きを示しているのが、ナという言葉になります。その根源は穴のナにあり、何度も繰り返し回転し続けていると、しまいには穴が開いて、イメージすることで広がり続けていた世界と、現実世界がつなぎ合わされていく――つまり現象化が起きていくということになります。逆にいえば、何度も繰り返し積み上げていく努力が、穴を作るわけです。

「繰り返しやり続けているけれど報われない。そのことになんの意味があるのだろう」などと思ってしまうこともありますが、繰り返しこそが現象化を起こす働きなのです。

あっという間に望む現実を引き寄せることばかりが注目されがちですが、実は日々の積み重ねが大切だということです。

③いったん闇に籠ってから現実化する

次に「ヤ」の働きに注目します。何度も繰り返すことでできた穴が、ヤの部分で破れ、見えない世界とつながり合い、いったんヤミ（闇）に入り、そしてまた闇から出てくる、つまり現象化するということです。

「ヤタノカカミ」の図象の本質は「ヤタ」するということにあります。これは生まれ出る前には、一度見えない世界に籠ってから出てくるということです。

「タ」という声音符は真ん中の1本線で分割されていますが、これは1本の線でつなぎ合わされているともいえます。これが、タというものの本質なのです。

「絶つ」「断つ」という言葉がありますが、ふたつの世界を分けながら、つないでいる働きがあるように感じませんか？　絶交や断絶にしても、本当に離れてしまうものは、知らず知らずに離れてしまうものです。

たとえば「離縁」「離散」などに含まれている「リ」という声音符は、２本の線で区切られています。これこそ本当に離れてしまう、分離してしまうということで、２本なければ分けることはできないのです。

「タ」という音は、まだつながりが存在していて、いつかまたつながる働きを保っている言葉なのです。

「ヤタ」するとは、何度も繰り返しイメージすることで飽和し、限界を迎え、見えない潜象世界との穴を開け、イ（今）の思いがいったん、ヤの場で潜象世界に籠り、そして潜象世界をヒフミヨイ……と一巡りして現象世界に出てくる、つまり現実化することをいっています。

人は、すぐに手に入れたい、すぐに現実化したいという思いに駆ら、現象化しなければ諦めてしまいがちです。でも、この世界に現象化し生まれてくるものは、すべて一度、成長をまとめるために「籠る時間」を必要とするのです。

赤ちゃんも植物も動物も、見えているすべてのものは、いったん籠るという大切な時空を経て、この世界にヤタするのです。諦めないことを、ヤが教えてくれているのです。

④「選ばない」ことで想像以上のものを得る

『相似象』に、「得る」（エル）の反対語は「失う」ではなくて「選ぶ」（エラブ）だと書かれています。これを読んだときは、かなりの衝撃でした。これは選ぶということは、もう一方を失う、ということなのです。

「得る」↕「選ぶ」、「得る」＝「選ばない」

何も選択せず、目の前のことをすべて受け入れよう（得よう）とすれば、自分にとっていちばん大切なことが現象化するというのです。

「選択する」という行動は、意識の世界の行動です。しかし、本当に自分の思いで行動しているかというと、そうではない場合も多々あります。

世間の常識や過去の体験、起きてもいない未来の心配、お金のことなど雑多な思いから選択・判断していることのほうが多いのではないでしょうか。

つまり、意識的に何かを選択することは、無意識領域に存在している本当の自分の可能性が得られないということになります。

この世界は、無意識がすべてを創造している世界です。意識では選ばないことまで、学びや気づきのために生じているのがこの世界です。

悲しいことや苦しいこと、厳しいことや切ないこと、うまくいっていないと思うことも、実際は「すべてはうまくいっている」のです。カムの世界やアマの世界は、「無意識の中には、あなたにとってこんなに可能性があるのに」と教えてくれるのです。

選択することなく「すべてを得よう」としたら、学びや気づきを超えて、本来の魂が現象の世界で展開しようとしていることしか起きなくなってきます。

私自身、「選択すること」から「得よう」という人生にスイッチしたら、流れが変わったように思います。思いがけずに起きた物事が「本当に必要なことだった」とわかることがたくさんありました。テレビから入ってくる映像や、開いた本の一文など、籠っていたものたちが勢いよく存在感を増してきたときに、自分にとってすべてのものがマトマリ、ひとつのストーリーとなってきました。

このマトマリを作るためには、たくさんのヒズマリが必要なのです。それらがたくさん積み上げられたときに、籠っていたものがいきなり出てくるのです。

すべては無意識の中にある本当の自分が引き寄せたものです。人は、望みを叶えるために様々なことを求めますが、それは意識で捉えられる現象世界のほんの些細な部分に過ぎません。それを求めることによって、実は潜象で提案している「真に豊かな世界」を失っていることも、多々あるのです。

カタカムナ相似象でいう引き寄せの法則とは、「欲しい」というイメージではなく、淡々粛々と積み上げた日々の生活の中で生まれた歪みから、次の展開が「得られる法則」ということになります。

これを「ヒズマリの法則」といってもいいでしょう。私たちは必要なものは潜んだ世界、潜象世界ですべて持っているのです。歪みからそれらは生まれてきます。そのすべてを「得よう」とすることで、真に望む未来を創造していきましょう。

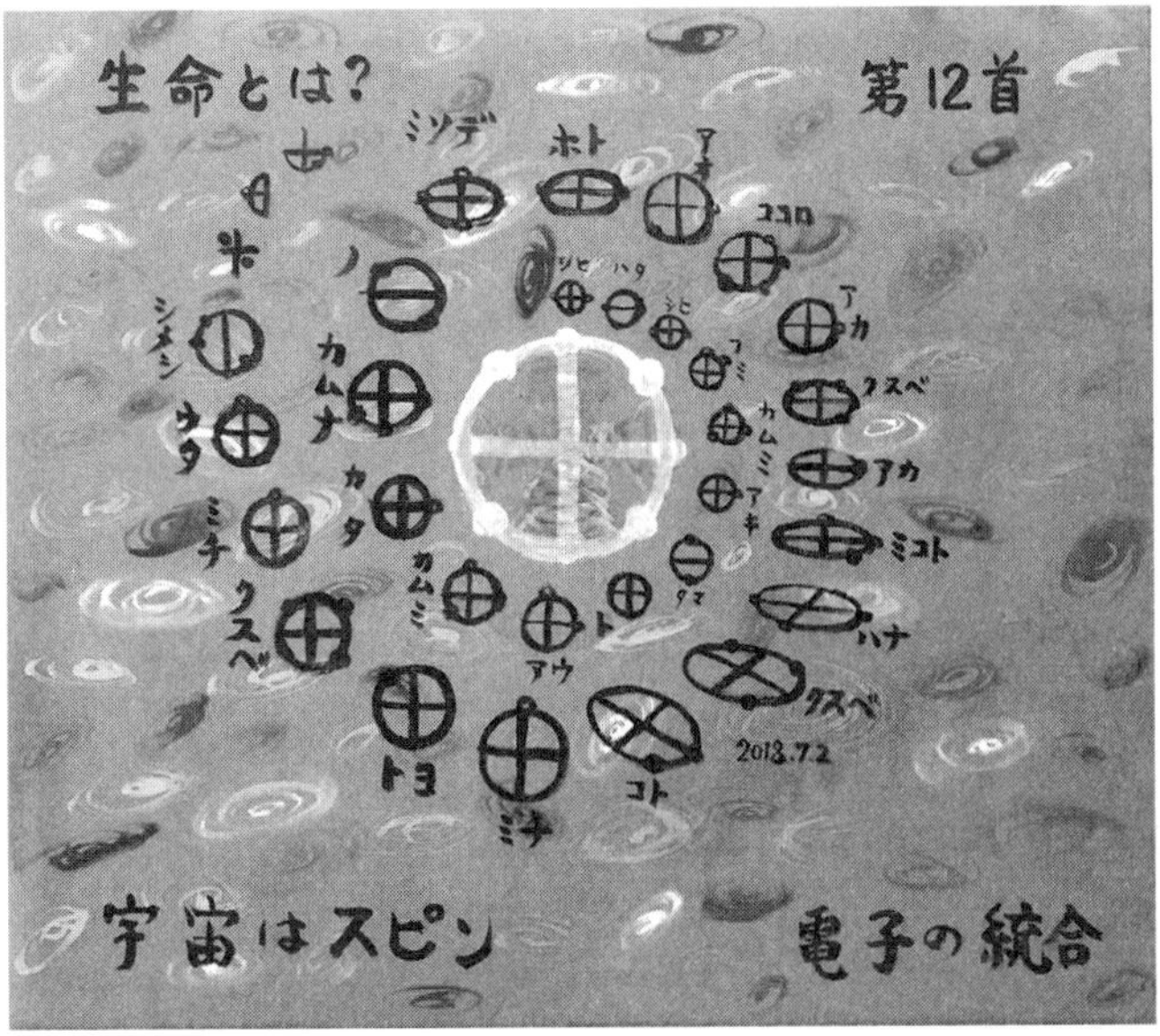

第4章

命と性のカタカムナ相似象

電気・電磁波・静電気に対する勘違い

私たちの生活は、いつの間にか電気に囲まれています。電気製品があちこちにあって、なくては生活できない必需品になっています。あっちもこっちもビリビリ電気～、電気だらけの毎日～、ビリビリで生きている～！

地球における現代の文明に、電気と電磁波はどこにでもあって、必ず私たちは影響を受けています。特に、都会では電気がたくさん使われ、電化製品に囲まれて、電気と電磁波から逃れられない環境にあります。

電気といえば、エジソンとテスラです。直流派のエジソンと、交流派のテスラが競い合い、テスラはエジソンに勝ったのに、不遇な人生を送りました。

今では電化製品はすべて交流になりました。テスラが情報や電気を地球の裏側に送るための「世界システム」という膨大な構想を立てましたが、75年経って実現しています。無線による電力の送電システムと情報の伝達システムを、テスラは「世界システム」と名づけました。

エジソンとテスラの発明のおかげで、今の文明が成り立っています。

ちょうど、この本を書いているときに、映画『テスラ』が公開されたので、見てきました。とても難解な表現なのに、エジソンとテスラがソフトクリームをぶつけ合ったり、エジソンが退屈してスマホを見たり、テスラがマイクを持って歌い出したりとパロディ的でした。テスラファンとしては、もう少しテスラに敬意を表して、彼のたくさんの発見を感動的に描いてほしかったです。

テスラの世界観は、とってもカタカムナ相似象的です。これからさらに、自然界からフリーエネルギーを取り入れる時代になるので、テスラが表舞台に出てきます。本当に楽しみです。

電気とはなんでしょうか？　物理的に表現すると、電荷の移動や相互作用によって発生する様々な物理現象の総称です。

自然現象では、雷や静電気があります。稲妻を見ると自然界の電気を感じることができます。また、電磁場や電磁誘導といった電気工学に応用されている現象も含まれています。私たちが多くの電気や電磁波を受け取り過ぎると、静電気が発生します。特に冬は乾燥しているので静電気を起こしやすく、車などドアノブに手が触れたときビリビリした体験は、みなさんあると思います。ほかにも髪の毛が立ったり、猫の毛に軽い発泡スチロールの小片がくっついたりして、笑いを誘います。

ずっとパソコンを使っていても電気を帯びてきます。私もスマホとパソコンをずっと触っているので、ビリビリの電気人間です。

今まで私たちは、静電気は体に悪いと思い込んでいましたが、**カタカムナ相似象的には、静電気は体にいいとされています。**びっくりポンですね！

むしろ電気が足りない人には、必要かもしれません。すべての活動が電気的なので、電気が多いほど活動しやすくなります。

電磁波も、電磁波除けのグッズがいろいろ出ていて、体に悪いと多くの人々が思い込んでいますが、気にならない人には無害です。むしろ、電磁波を食べる宇宙人には、欠かせないエネルギー源になっています。

人生の舞台に選んだ星によって、電気活動の度合いは違います。地球は比較的穏やかな電気活動ですが、もっと激しい電気活動をしている星は、たくさんあります。そこから地球に来ると、エネルギー源が足りない感じがするかもしれません。電磁波が多いところを探して、そこで充電しています。

電気や電磁波も、人によって反応が違うように、とても相対的なものなのです。

電磁波カットを強く訴えている人は、電磁波の弱い星から来た魂さんだと思います。私は電磁波の強い星から来たので、電磁波は気になりません。むしろ稲妻を見ると嬉しくて、テンションが上がります。その人が決めた度合いによって、影響を受けています。決めているのは、私たち一人ひとりで違います。

電気の街・秋葉原で生まれたAKB48はカタカムナの響き

女性アイドルグループのAKB48は、電気がいっぱいの電気街、東京・秋葉原で生まれました！　カタカムナの48音と同じ48人の女の子（正式メンバー）で構成されているのが面白いです。これも偶然ではないと思います。

電気が必要な人々がAKB48にはまって、大量の電気をもらっています。それ自体がとても意味深いと思っています。

第2章でカタカムナ48音の一つひとつを解説しましたが、48人の女の子が集まると、それぞれの魂の響きが違うので、彼女たちの歌声は48音が響き合うことになります。彼女たちの歌が全国に流れて、カタカムナ相似象の扉が開かれてきました。

ヨハネの黙示録が発動する

4と8は重要です。4相を意味する4と、飽和や龍を意味する8、それぞれがパワフルです。しかも「48音」はヨハネと読むこともできます。

48音が響き渡るときにヨハネの黙示録が発動します。すべてがつながり関連して、振動をはじめるのです。

ヨハネが発動すると、四国が動きはじめます。四国とは「始国」なのです。徳島県の剣《つるぎ》山《さん》にはいろんな人々が探し回っているアークが眠っていて、それが動き出します。いよいよ、そのときが来ています。

クリニックにも高知にお住まいのパワフルなご夫婦が来てくださいました。剣山本宮宝蔵石神社に関わる魂で、四国が始国として動き出すスイッチを入れる役割を持っている魂ペアでした。それぞれの過去生からの解放のあと、お２人のスピリチュアルな使命が発動し、ベストタイミングの２０２１年６月３日に剣山にお参りしてくれました。新しい地球になるプロセスで大切な一コマでした。

ヨハネの黙示録に書かれている４つの生き物が、獅子・牡牛・人・鷲ですが、四国の四隅の形がこの４つの生き物に似ているそうです。地図が好きな人は四国の地図を見て、四隅の形を確認してみてください。

四国の龍が目覚めると、四隅の生き物が活性化します。その準備が整ってきました。ワクワクが止まりません。

これも電気的な活動です。龍が雷鳴を起こし、大雨や暴風雨で稲妻を起こし、日本列島の双龍がまるで陰陽のボールのように動き出します。

６月４日、私は沖縄から東京へ移動する日でした。たくさんの龍たちが飛び回っていて、東京は嵐のように風が強く、飛行機の着陸が難しくて、やり直しをするほどでした。

翌６月５日も宇宙的に大きな変動の日でした。その日は東京の相似象セミナーだったので、セミナーが始まる前に参加者20人が輪になり、恋人つなぎで手をつないで、アマテラスのマントラを唱えて、平和の祈りを唱和しました。

今回は大きな天変地異がないと聞いているので、安心してそのときを迎えることができます。すべての日本人がこの大変革に何らかの形で参加しています。

あなたも表面意識が知らないだけで、きっと大きなお役目を担っていると思います。ビリビリと電気的な感覚がしたら、これだと確信して、そのまま電気を楽しく感じて周りに振りまいてください。この時期、電気的に活性化していることが、新しい地球に大きなパワーをもたらします。

電磁波が命のエネルギーになる

私は電磁波の影響を受けない、むしろ電磁波を食べると決めたので、本当に電気を食べてエネルギーに変換し、どんどんパワーアップしています。

電気をしっかり浴びている私ですが、ロシアで開発された波動測定器のメタトロンで見ると、脳が活性化されていてとてもきれいでした。脳を使っていないからかと思ったらその逆で、満遍なく使っているから、きれいなのだそうです。

脳も電気活動をしています。いつもいろんなことを考えていると、満遍なく脳を使うことができて、とても美しい脳になります。おお〜脳！　です。

このような私ですが、沖縄に移住したばかりのときは電気に対する考えは違いました。あるとき、瞑想会の指導を頼まれて行ってみると、そこは高圧電線の鉄塔の下だったので、一瞬ひるんだことがありました。参加した人の中にも電磁波を心配している人がいました。

すると守護天使の桜ちゃんから、「啓子ちゃん、大丈夫よ、電磁波を食べる宇宙人もいるのよ！　地球にも電磁波で成長するサボテンもあるくらいだから、かえって元気に活発になると、みんなに伝えてね！」といわれてびっくり！　みんなも納得していました。

あなたの思い方次第です。電磁波がとても気になる方は、電磁波カットの製品を活用してください。電磁波が気にならない方は、そういう人の世界では電磁波はプラスに働くので、ちゃっかり自分の活動のエネルギーに変換されてしまいます。

つまり、電磁波が命の原動力にもなるのです。

命が輝くのは、心地よいエネルギーが充満しているときです。自分が好きなエネルギーを取り込んで、元気になりましょう！

そんなにシンプルでいいの？　という声が聞こえてきそうですが、そうなのです。**人生すべて思い込みです。**とてもシンプルにできています。お好きな世界を選んでください。

野菜、肉、電気……どのエネルギーを取るかは人それぞれ

カタカムナ相似象では、宇宙の99％が電気活動だと表現しています。

電気や電磁波も大切なエネルギーとして、宇宙に存在しています。

電気も電磁波も体にいいと思って、安心して電気に囲まれた生活を楽しみましょう！

元気になるエネルギーとして、取り込んでパワーアップしましょう！

すべては、電気的な活動です。その人の電気容量と電気の質によって、好みが変わります。

地球で、どのようなエネルギーを得るのかは、その人の魂の歴史、もっと遡ると意識の歴史にも関係するのです。昔の自分の嗜好、昔の自分のエネルギーを取り込むと、自然にパワーがみなぎっていきます。魂の歴史はそれぞれが違うので一般論は通用しません。

違っていいのです。

たとえば野球のイチロー選手のように、過去生がピューマやチーターだった人は、人間になっても野菜よりも肉で元気になります。

イチロー選手は、焼肉を食べるとき、お肉を大切に1枚ずつ丁寧に焼いていただくそうです。そこには肉への感謝と愛おしさがあふれています。

草食動物だった人は、ひたすら野菜サラダを食べます。それで元気になるのですから、それでいいのです。

過去生が米だった人は、ごはんが大好きです。糖質制限には興味がありません。おにぎりやごはんものに目が輝きます。私も米でした。米で元気になるので、玄米でも白米でもどちらでも魂が喜びます。小麦だった人は、パンや麺で元気になります。私も麺が大好きです（イケメンが大好きです）。大好きなパンをたらふく食べて死ねたら本望な人は、たらふく食べて思い残しがないようにして光に帰りましょう！　自分が体験したいことを体験して、また光に帰っていくのです。

地球での体験の醍醐味は、好きなエネルギーを食べることです。

それによって、あらゆる活動ができています。食べられなくなったら、活動停止の方向に向かい、場所を移動するために死を迎えます。それが大きなサインです。

食べることは生きるために大切であり、楽しみでもあるのです。

ワーク 元気ボールキャッチワーク

両手で氣のボールを作って、少しずつ大きくして、それを相手に投げて渡します。それをさらに大きくして、次の人に回します。最後は、巨大なボールにして宇宙に飛ばします。元気ボールが宇宙の球になります。

女性は「正孔《せいこう》」が多いのでカムにつながりやすい

女性にはポジティブホールといういつでも入れる穴、物理学でいわれる「正孔」が多いそうです。カタカムナ相似象では、正孔が多いことを「アワ性が高い」と表現します。**正孔とは、電気を取り入れ発するところです。女性は正孔が多いので、見えないカムの世界とつながりやすいのです。**たしかに女性のほうがスピリチュアルな世界が好きです。

だから、女性は男性よりも体温が高く、血液を作りやすく、また子どもを産むために、毎月、生理で出血しても大丈夫な体のシステムになっているのです。

女性には多くの正孔があるので、電子を帯びやすく、その電子が欲しくて、男性は女性を求めて触れ合い、女性からたくさんの電子をもらって、たくましく元気になるシステムになっています。

正孔という言葉の響きは、「成功」「性交」と同じです。「英雄色を好む」といわれてきたように、男性が性交に励むと、女性の正孔から電気を取り入れることができて、成功するのです。成功したい人は、正孔が多い女性と性交しましょう！　初対面でビリッと電気が走る感じがした女性がいいです。試しに手を握るとわかります。ビリビリきたら、その女性とぜひつき合いましょう！　凸凹がぴったりで電気的な相性が抜群です。気持ちよく宇宙に飛べます。

お互いに欲しいと思ったときは、すでに電気的な活動が始まっています。磁石のようにNとSがピタッとくっついて、〝求め愛〟ます。そして、お互いに気持ちよくなって「行く〜」というとき、どこに行くのかは2人の電気エネルギーの大きさと周波数によって違います。遠く懐かしい銀河まで飛ぶかもしれません。

ラブラブで気持ちよく宇宙まで飛べたら、最高の人生を送れます。意識が飛べるので自由度が増し、直観、インスピレーションが抜群に冴えてきます。姿勢もエネルギーの流れもよくなり、愛が見事に循環して、絶好調になります。

アマウッシという電気の移動、男女による直接的な電気活動で、見えないカムの世界からエネルギーや情報を得ることができるのです。抱き合ったり、キスしたり、愛撫したり、まぐわったりすることで電気活動が起きて、直観やインスピレーションがどんどん湧いてくるのです。

思春期になって**男性が女性を求めるようになるのはとても自然で、電気的な活動です。**誰でもいいから電子が欲しいときは、肉体だけの関係を求めます。電気が充満している女性を探して、充電しようとしているのです。

一方で、精神面もぴったりの人のエネルギーが欲しいと魂が求めたら、それにふさわしい女性を直観で感知して引き合うのです。

女性がどんどん美しくなる「美感電圧」

女性の正孔がうまく発揮されるのは、場が整ったときです。場が整うと、引き寄せの法則が起きやすいのです。『人生がときめく片づけの魔法』（サンマーク出版）で世界を美しく片づけているこんまり（近藤麻理恵）さんのときめきは、美感電圧だと思います。

「美感電圧」という言葉ははじめてですか？　私も『相似象』の創刊号ではじめて見てびっくりしました。

誰もが美しさを感じる位置がある、ということをカタカムナ相似象では美感電圧といいます。

『相似象』の創刊号には、実際に美感電圧を体験する場面があります。

楢崎皐月さんが、宇野多美恵さんと相似象を学ぶ生徒さんたちとで、ある神社をいろんな場所から見て、いちばん美しく見える場所はどこかを探しました。すると、その神社を美しいと思う場所を、誰もが本当に見つけるのです。そこが美感電圧の場所です。

その空間のどこで美しさを感じるか、どこから見たら美しいと感じるか、そう感じたときに美感電圧を感じているのです。それは、カムの世界を感じていることになります。

場が大事なのです。ですから様々な儀式は場作りです。自分の意識が入りこんで、正孔が浮き上がってくるようになります。バラバラに存在している正孔が浮き上がると、女性は美しくなります。たとえば正式参拝の巫女の舞はとても美しいです。

ときめきは、その場で美感電圧が感じられるルンルンの場で、ずっとハッピーでうまくいく環境です。

鳥肌が立ったときは、魂が喜んでいるのです。

女性が美しく存在するためには美感電圧を感じることが大切なので、波動の高いところ、美しい自然を愛でることを、日常で意識してみましょう。

古い寺に置かれている美しい仏像が、デパートの展示会場では美しく見えないように、女性も美しく見える場所があるのです。

美しく見える場とは、波動の高い場所、イヤシロチです。

すべてのものが輝いて見える場所です。イヤシロチにいると、気持ちよくてトロンとしてきます。

電位差が大きいほど、イヤシロチになります。そばに波動の低いケガレチがあるほど、ますます波動の高いイヤシロチが際立ってきます。波動の差が大切なのです。まるで陰陽の関係です。**「なんでも陰陽〜」**とギャグが出てきます。

正があれば、必ず反があるのです。正反対向です。決して正負ではないことを知っておいてください。必ず人生で役に立ちます。正反であることで、いい・悪いがなくなるのです。

これを陰陽統合といいます。つまり、バランスが取れるということです。

陰陽は正反対向です。まったく違うものが混在するけれど、だからこそバランスが取れてうまくいくのです。

ワーク　美感電圧の場所を探しに行きましょう！

お気に入りの場所がいちばん美しく感じられる美感電圧の場所を探してみましょう！　誰もがそう感じるところがいいので、ぜひお友だちと探索してみてください。

エネルギーをもらう方法、与える方法

電気エネルギーには充電と漏電がありますが、それはどんな状態でしょうか？

滝のようなウルトラマイナスイオンがあふれているところに行くと、自然に充電できます。体は熱くなって湯気が出てきます。ユーチューブで滝の動画を見るだけでも、波動が高くなりリラックスできて、運気が上がると定評があります。滝は水の落差でマイナスイオンがあふれ出ているイヤシロチの場です。そして滝の近くには、必ずじめっとしたケガ

レチがあるので、滝の波動が際立ちます。

人間関係も同じです。エネルギーをもらえる人は、充電できる人です。電話をしてもすぐにわかります。**話していると元気になる人は、あなたにとって充電できる人です。**相手も楽しく元気になれる場合は、お互いが充電できる関係です。

逆に、話していてテンションが下がり疲れてしまう人は、あなたにとって漏電する人です。

元気でエネルギーがあふれているときは、元気がない人に電話などしてエネルギーを充電してあげましょう。自分が元気なく疲れているときには、ネガティブ思考の人には電話をしないほうがいいです。

楽しく充電できる人と電話で話すときは、受話器やスマホを左手で持ちましょう。左側が受け取る側なのです。

逆に、漏電する人だと感じたら、受話器やスマホを右手で持ちましょう。

右側はパワーを与える側なので、相手のマイナスエネルギーを跳ね返します。

これは電話でなく、対面で会って話をするときも同じです。

90度に座ると、相手の影響を受けません。かえって面白いインスピレーションが楽しく湧いてきます。

相手にパワーを与えたいときには、左隣に座りましょう。自分のパワーが右側から出て、相手は左側から充電できます。相手のマイナスエネルギーは、自分の右側から跳ね返せます。

対面の場合は、相手のエネルギーがとてもよくわかります。だから面接は対面式です。

カタカムナ相似象では、角度を重視します。

「充電」は愛の循環を生み、「漏電」は自分を見失っていく

どの世界でも、パワーがあふれている人からエネルギーをもらいたくて、たくさんの人々が集まってきます。

スターの周りにファンがたくさん集まることでスターが目立つように、人間には目立つ人と目立たない人がいて、相手を際立たせています。

スターからどんどん電気があふれて、周りのファンの人に充電されていきます。またファンの人々から喜びのオーラが電気的なパワーとなって、スターに充電されていくので

す。

愛の循環が、充電の状態を生み出しています。

では、漏電の状態はどのようになるのでしょうか？　漏電、漏電、漏電〜と歌いたくなります。カウボーイ映画が好きでよく見た人は、どの歌の替え歌かすっとわかると思います。

漏電は、文字通り電気が漏れる現象です。スピリチュアル的には、エネルギーを吸われるという表現をする場合があります。

本人は意識していないのですが、いつの間にか特定の人にエネルギーが吸われて、ヘロヘロになってしまうのです。

私も体験したことがあります。ある宗教団体の代表の方と、へその緒のように、無意識にお腹でつながっていました。自分では気づいていませんでした。アメリカから来たサイキックの女性にセッションをしてもらって、それをいわれてびっくりしました。

へその緒を切ってもらったら、一瞬、バーンと音を立てるようにエネルギーが戻ってきて、目が覚めるような感覚がありました。漏電していたときはヘロヘロだったのに、その瞬間、視界がパーッと開けて元気が戻ってきました。とてもわかりやすかったので貴重な体験でした。

誰かを信じて、すべてを捧げるような気持ちになると、エネルギーも捧げてしまい、エネルギー漏れ漏れの漏電状態になってしまいます。

これを読んではっと気になった方は、ぜひその方とのへその緒を切って、「ありがとうさようなら」のワークをしましょう。モヤモヤしていた霞が晴れて、とてもスッキリしてお腹の底からエネルギーがあふれてくるのを感じることができます。

ワーク

ありがとうさようなら

お腹にいろんな人とつながるコードがあります。慢性的な漏電状態から脱却するために、ありがとうと、さようならをして、感謝を込めてそのコードを美しい7色のハサミで切っていきます。

宇宙に戻してスッキリポンです。あなたはとても自由です。漏電もありません。おめでとうございます！

マタの刺激でアマウツシ

新型コロナウイルスのおかげで、地球も地球人類も、どうにでもなるコロイド状態にあります。だからこれからびっくりの大変革が起きるのです。

そんな大変化のときに、このカタカムナの相似象の本が世に出ます！　まさに、ベストタイミングです。きっとこの本が新しい地球を私たちが作っていくときに役に立つのではないかと、わくわくしています。

カタカムナ相似象で、アマとカムを感じて受け取る、感受の能力を取り戻しましょう！

アマとカムを感じるのは、おでこの真中の奥にある第三の目、松果体です。

松果体については、自著『目覚めよ、松果体！』に詳しく書きましたので、ぜひ参考にしてください。

松果体が目覚めて活性化すると、アマだけでなくカムの世界も感じて見ることができるようになります。

相似象を学ぶと、さらに宇宙のしくみがわかって、松果体がくるくる心地よく回るようになり、カムの世界から「アマウツシ」できるようになります。

アマウツシとはどういうことかを解説してみましょう。

カタカムナウタヒの第8首（ウマシタカカム　アシカヒヒコ　トコロチマタノ　トキオカシ）に、「トコロチマタノ　トキオカシ」とあるように、**「チマタ」のいろんなマタの刺激によって、アマウツシが発生します。**

男女のマタ、指のマタ、脇もマタ、マタは心地よいものでございます。だから、マタをマッサージすると気が流れていくのです。

手の指のマタをマッサージするのが、亡くなった母の特技でした。とても気持ちよくて、少し風邪気味のときなど、手の指のマタをほぐしているとすっきりして、いつの間にかよくなっていました。

父のひどい肩こりも、脇のリンパをほぐすだけで、とても柔らかくなりました。力を入れなくても、楽々に父の強靭な肩こりを見事にほぐすことができました。さらに、家族のいろんな症状を愛のマッサージで癒してくれていました。

手の指のマタといえば、「恋人つなぎ」といって、しっかりと手のマタを合わせるように手をつなぐと、エネルギーが素敵に交流して、アマウツシができます。手の指の股からお互いのエネルギーがあふれて、短時間にエネルギー交流ができるのです。もちろん、本当にお互いの股を合わせたら、エネルギーがあふれて渦巻き状になり、宇宙に飛べるのです。
今すぐに自分の両手を組んで、指のマタを感じてみてください。まるで祈るポーズになりますね！　そのまま祈りができてしまいます。

ワーク

平和の祈り

両手を組んで祈るポーズをしながら、平和の祈りをしましょう。子どもの天使になった気分で地球の平和を祈ってみましょう。

日本が平和でありますように！
地球が平和でありますように！
太陽系が平和でありますように！
天の川銀河が平和でありますように！
宇宙が平和でありますように！
ありがとうございます。

組んだ手の平はくっつけないで、卵を1個入れるくらいの空間を作ったほうが、祈りのパワーが大きくなります。合掌するときも両手の空間を2センチくらい開けたほうが手の平から電気が発生して、祈りのチカラがアップします。ぜひお試しください。

ぐんと波動が高まったところで、また手のマタマッサージに戻ります。手をこまねくように左右の手で交互に力を入れて、指のマタに刺激を加えてください。これは自分でできる手の指のマタのマッサージです。ポキッと音がするかもしれませんが、それはエネルギーのブロックが解放される軽快な音です。股関節がポキッと音がするときも、ブロックが解放された音なので安心してください。

ワーク　体中のマタをマッサージ

足の指のマタをマッサージしましょう。体の中で気になるマタがあれば、そこも優しくほぐしてみます。最後にまた手の指をほぐします。

手のマタには、体のあらゆる場所とつながるツボがあります。マタをほぐしながら、体と対話ができます。

体にはたくさんのカムがつまっている！

体（カラダ）は「空だ〜」とギャグが作れますが、本当にたくさんの空洞があります。その空洞から、別の時空につながることができます。

空洞はカラのように見えて、見えないカムの世界がつまっているのです。

消化器官も空間がたくさんあります。まるで楽器のようです。それぞれの空間が持つ響きをリレーのようにつないで、音楽を奏でるように美しく感じることができます。

肺には肺胞がびっしりと空気を持っていて、酸素の入れ替えを健気にやってくれています。心臓は4相の部屋を持っていて、全身に酸素と熱を届けるためにポンプで血液を送っています。寿命のその日まで休まずに活動しています。

心臓のポンプの圧が血圧です。年齢とともに血圧が高くなっていきますが、無理に下げようとすると、脳や足の先に血液が行き渡らなくなって、認知症や冷え性になってしま

います。心当たりのある方は、降圧剤を少なくして様子をみましょう！　物忘れや冷え性がよくなったら、そのまま少し血圧を高めにしてあげましょう。

左手の小指の股は心臓のツボなので、ほぐすと楽になります。ついでに小指全体を優しくほぐして、心臓さんに「いつも休まずに動いてくれて本当にありがとう！」と感謝とエールを送りましょう。心臓さんがとても喜んでくれます。心臓さんは偉大なる魂さんと近い位置にあって、そこからピンク光線の愛のエネルギーがあふれ出ています。

この世の空間には、何もないように見えて、実はしっかりと、びっしりと神秘図形が詰まっているのです。**たまには体の各パーツに愛と感謝を送ってみましょう。**

いちばん身近にいて、自分のために頑張ってくれているのに、意外にも見落としています。ぜひこの機会に熱い思いを届けましょう！　さらに頑張って、活動がしやすく生きやすくなります。

ちょうど私はこのタイミングで、右側が坐骨神経痛になって、痛くて歩きにくくなりました。これは休めというサインだと思って、しばらく最小限のことしかしないようにして、横になって休んでみました。少しずつ回復して、改めて自分の器である体に感謝が湧いてきました。

当たり前に思っていることが止まってしまうと、改めて感謝の思いが出てきます。私は今回で地球での人生は最後なのに、まだまだやり残したことがいろいろあります。それに気づいて実行することで、また改めての活動が活発に展開されるのです。

私が引き寄せた様々な健康法

あなたの体の調子はいかがでしょうか？　順調なら素晴らしいです！　その調子で進んでいきましょう。ちょっとお疲れモードなら、少しゆったり休んでから、また活動をリセットしましょう。さらに流れがよくなり、面白い展開になっていきます。

私は作家の持病の坐骨神経痛になって、いろんな治療法を引き寄せました。まずお友だちの紹介で、**「ラドン温泉のホルミシス療法」**にはまりました。私はかつてウランだったことがあるので、ラドンと親戚みたいな感覚です。すっかり惚れこんで通っています。

ラドンは、ラジウムから発する気体です。本来ラドンは無色ですが、ラジウムから美しい青白い光線が出ているので、大好きなクリスタルのラリマーをイメージしてしまいます。

ラリマーファッションでラドン温泉に行くとダブル効果があるような気がして楽しんでいます。全部ラがついていて、ランランです。

ラドン温泉と一緒にはまっているのが、**「パッチ療法」**です。アメリカのライフウェーブ社からはじまった幹細胞活性化の波動アップのシールで、それをいろんなツボに貼っています。またラがついていて不思議です。

「X39」というパッチがいちばん大事で、毎日丹田と首の後ろ、痛みのある部位に貼り付けています。自分の幹細胞を活性化させるという自然治癒力の発想が素晴らしくて気に入りました。「イオン」というパッチが自律神経を整えるのですが、すぐに変化を感じてはまっています。ほかにもミトコンドリアを増やす「アラビダ」で若返りを、「カルノシン」で認知症予防を期待しています。

また、**「do TERRA」**のミネラルにもはまっています。パッションフルーツ味のミネラルを飲んでご機嫌です。きっと昔ミネラルだったし、パッションフルーツだったのだと思います。昔の自分をゲットすると、本当に元気になります！

ヒーリング方法も、その人によって縁と好みがあるので、どの方法で癒されるのかを決めてきているのです。ピンとくるものを試して、いい感じがしたら、それを積極的に続けてみましょう！

名古屋でのカタカムナセミナーのとき、以前の患者さんが参加されていて、坐骨神経痛にいいという「ホメオパシーのレメディー」をくださいました。以前東京に住んでいたときに関心を持ってなめていたことがあったので、とても懐かしかったです。体も喜んでとても楽になりました。

そして、これから大いに期待できるヒーリング方法に「メドベッド」というものがあります。カプセル状になっていて、そこに横たわると3分で全身の細胞が新しく活性化され、あらゆる病気がよくなって10～30歳は若返るそうです。これは今まで権力者チームが活用していましたが、彼らはコロナリセットによって逮捕され、私たち庶民にも活用できるチャンスが到来しました。この本が世に出る頃には、日本にもきっと導入されて、たくさんの人々が恩恵を受けることができるでしょう。いろんな病気から解放されて、楽々な人生になっていると思います。とても楽しみです。

すべての命は、エロチシズムからはじまる

すべての生命は、ラブラブからはじまります。お互いに惹かれ合う電気活動があって、生命の交流が行われて、子孫が残されていきます。命が生まれて増えていくことも、電気的な活動として起きているのです。それはカタカムナ相似象を知ることによって、より明確になってきました。

昆虫や動物など、人間だけでなく様々な生命は、子孫を残すために雌雄が結びつくためのきっかけとして、エロチシズムが関与しています。

派手な色だったり特殊な匂いだったり、振動が生み出す刺激的な音だったりがエロチシズムを生み出します。それがオスからメスへ、男性から女性に、または女性から男性に伝わって、ぴったりとくっついて、お互いに惹かれ合うのです。

電気活動には落差が必要です。電気を生み出す差が大きいほど、人間の場合でいえば、お互いが違うほど引き合って、磁石のNとSのようにぴったりとくっついてなかなか離れません。親が反対するほど、くっつきます。反対されるほど、禁断の愛は燃えます。

皮肉なことに、みんなに祝福されて結婚しても、3年経つと動物的には飽きてきてセックスレスになりやすいそうです。これは動物学博士の本に書かれていて、びっくりしました。「3年目の浮気は大目にみてよ〜」という歌が昔流行りましたが、これは動物学的に理にかなっていたのです。

あなたの結婚はいかがですか？　ちゃんと間は空いても続いていたら素晴らしいです！　ブラボーです！　飽きがこない魅力的な関係でとてもラッキーです。もしどちらかが飽きて浮気の兆しがあっても大目に見てあげてください。動物学的には自然なことなのです。

それを防ぐ方法があります。意図的に工夫して、気分を盛り上げることです。

ある素敵なご夫婦が離婚の危機にあったときに、「上と下の口を満足させてあげると、うまくいくそうですよ！　亡くなった母からのアドバイスです」と伝えたことがありました。それからそのご夫婦は、毎週金曜日にデートして、美味しいものをいただいて、ホテルで燃えるようになりました。今も夫婦円満です。

上の口とは、食べたり話したりする口で、下の口とは、ラブラブして相手の性器を受け入れる膣のことです。両方の口を上手に素敵に満たすことができたら、恋愛も結婚もバッチリなのです。

上の口は、美味しいものを食べたり楽しい会話ができたら満足です。下の口は触れ合うことで気持ちよくなったら、電気活動が活発になってアマ始元量がたくさん蓄えられて、パワフルになります。

上の口と下の口のバランスが取れなくなったら、全体の電気活動もバランスが取れなくなって電気が枯渇してきます。

お互いに一緒にいるのがつらくなってきたら、残念ながら、さよならのお時間です。

喧嘩をしたときは、美味しいものを食べて、お互いの気持ちを表現して、理解し合ったあと、気持ちのいいセックスをすることで仲直りできます。両方の口を上手に満足させることができるからです。

母は父の機嫌が悪くなると、おにぎりを渡したり、お弁当を作ったりして、上手に上の口を満たす努力をしていました。下の口もしっかり相手をしていたようです。父は母に「愛しているよ～」を連発していました。父がガンで亡くなったあと、母もすぐにガンで追いかけました。最後まで添い遂げて、あっぱれです。

私は添い遂げるつもりで結婚しても、途中下車して3度目を頑張るつもりです。人生いろいろ。命はエロエロです。

江戸時代の自由なエロ事情

江戸時代はとても平和で、子どもも多く、食料も自給自足ができていました。そしてセックスフリーでうまくいっていました。ぜひまた江戸時代のようなユートピアへの道を歩みたいと思っています。

江戸のエロ事情は「春3夏6秋1冬無」というすごい表現があります。乱淫を戒めて、季節ごとの適切な回数を表現しているのです。盛りがつく春には3日に1度、夏は暑くて体力を消耗するので6日に1度、心身ともに充実する秋には1日おき、冬はこたつ代わりに無制限にセックスを行っていいというのです。

明治維新以後は、キリスト教が入ってきて性が戒められる流れになり、マグわう回数が大幅に減ってしまいました。現代では男性が元気なくなり草食男子という名前まで生まれました。その結果、人口も減る一方です。

これから、上の口も下の口も満たして、日本を子だくさんの国にしましょう！「食生活」を「食性活」と変えることで、もっと私たちの意識が芽生えると思います。とても大事なので、3文字で表現できたら、とてもシンプルでわかりやすいです。

私たちの意識は、無限に広がる性質を持っています。意識が変われば、私たちが住む世界も変わります。トキ・トコロの今という無限の中に意識があります。**意識が変わることで、一瞬で自分の人生も住む宇宙も変わってしまうのです。**あなたの意識が少しでも柔らかく変わって、燃え萌えになってくれたら本望です。日本が愛と笑いでユートピアの国になりますように！

食は交流電流、セックスは直流電流

カタカムナ相似象的に性について解説していきましょう。

性は、宇宙の一部です。そして、命の誕生は欠かせないプロセスです。

イノチ（）は電気がうつり変わって持続していく響きを表しています。それがいろんな表現として、多種多様に分かれています。

男性と女性とでは、位相差が違います。だからセックスすると大量の電気の発生が起こるのです。それは接合だけでなく、最初の愛撫から最後の射精のクライマックスまで、ずっと強大な電気エネルギーの移動が起きているのです。

まず男性は、女性の乳首をしゃぶることで、幼い頃に母親のおっぱいを吸った懐かしい、幸せな気持ちを思い出して癒されます。女性は乳首をしゃぶられ、手で触られることで、電気的にスイッチが入ります。体のあらゆる電子を持った正孔が反応して、ビクンとなります。どんどん乳首が硬くなってとがってきて、電気を発するようになります。

そこから電子をたくさん放出して、男性も性器に電気的スイッチが入って海綿体が固くなりそそり立って、アンテナそのものになります。命を伝える準備として、精液の精子が活動を開始します。ウォーミングアップです。

女性の卵巣から出る卵細胞に、誰よりも早く到達するために、エネルギーを温存しながら、助走の段階になります。

女性性器も撫でられ、指が入ることで、電気的な刺激が性感帯に伝わり、受け入れ状態の準備をします。マイナスのエントロピーの発生が増大です。

命が還元する方向に進むのが、セックス（性交）なのです。

一方で、喧嘩や病気は電気の偏りです。だからセックスするとバランスがよくなるので、関係が改善されて仲直りできますし、病気も本当によくなっていくのです。

特に子宮筋腫にはセックスが特効薬です。十分にセックスして充電できると、びっくりするほど筋腫が小さくなって消えていきます。まるで見えない子どもが生まれたかのようにです。このアドバイスでよくなった女性が何人もいますから本当なのです。

セックスレスで夫婦でのセックスが難しい場合は「一人宇宙」（マスターベーション）を勧めています。気持ちよく「一人宇宙」ができると、肌の艶がよくなって美しくなります。美人でなくても美しく見える。それが本当の美人なのです。

性エネルギーで健康になりましょう！　美しく輝きましょう！

食は交流電流、性は直流電流に関係しています。そして、性は直接電気エネルギーを得ることで健康になることができます。

つまり、エロと健康法は直接関わっているのです。この世の中のことは、すべて電気で表していくことができます。

すごく喜ぶことも、すごく怒ることも、電気の発生としては同じなのです。

電気の動きが少なくなっていくと、絶えずアマからもらってくるようになり、アマウツシして放出すればするほど、命は短くなっていきます。

中国の養生訓のように、「接して漏らさず」（射精しないこと）はカタカムナ相似象でも同じです。

カタカムナ人の男性は、女性とはいつも触れ合っていますが、春と秋の年2回に射精すると決めていたそうです。触れ合っているだけで電子をもらえて充電できるので、それだけで十分だったのです。

あまりにも射精を繰り返していると電気の放出過多になり、漏電になってしまいます。アマが入るよりも出る方が大きければ、死に至るのです。

食料からエネルギーをもらうだけではなく、触れ合うことによる電気活動からも大きなエネルギーをもらえるのです。

「異種親和」でラブ電気全開に！

電気の正・反のように、相異する両極端が引き合う性質のことを「異種親和」といいます。 磁石のN極とS極がピタッと引き合うのと同じです。

逆に、磁石のN極同士、S極同士は反れてしまうように、同種同士が反発することを「同種反発」といいます。

これは男女関係でも同じ原則です。あなたの周りのカップルを観察してみても、異種親和で夫婦になっている場合が多いと思います。

まさに電気的なチカラで、くっついたのです。

カタカムナ相似象の本家本元のお2人、楢崎皐月さん、宇野多美恵さんがその代表選手です。

楢崎皐月さんが後継者として選んだ女性の宇野多美恵さんは、性格が真逆だったので、電気的に引き合ったのだと思います。しっかりと異種親和に当てはまります。きっとお2人の魂は、もとはひとつの魂、ツインレイかもしれません。

ツインレイが再会できるのは、とてもラッキーなことだといわれています。相手はもう一人の自分なので、再会すると違和感がなく、また違った面も感じて、たまらなく惹かれ合うのだそうです。化学反応というか電気反応というか、本人たちもびっくりするほどの電気的な活動がはじまって、ラブラブすると宇宙まで飛んでしまいます。

これがチベット仏教で最後の修行と呼ばれた「合体瞑想」のことだと、私は直感で思いました。

私は、ラブラブで宇宙にまでぶっ飛ぶようなパワフルな電気活動を「ラブ電気」と名づけてみました。

ここまで紹介してきたように恋愛も電気活動です。恋愛が物理的な現象とは、びっくりポンですね！　**男女が合体することで、たくさんの電子が女性から男性に移って、男性が元気に働けるのです。**ラブ電気大活躍です。だから「英雄、色を好む」とは、宇宙の物理サトリなのです。

明治天皇の子どもは５００人以上といわれています。伊藤博文さんは箒《ほうき》（掃いて捨てるほど女がいる）といわれたほど女好きで、アマウツシした女性は１０００人以上と豪語されています。きっと過去生はドンファンだったのでしょうね！

アートで読み解くカタカムナ相似象

２０１８年から感受性を生かして、カタカムナウタヒをアートで読み解くという壮大なチャレンジをするために、カタカムナウタヒの絵を描いています。80首もあるのですから、なんと80枚の絵を描くことになります。

死ぬまでには描き上げたいと思っていたら、思いがけずスピードアップして、第40首まで描いて「カタカムナウタヒカード」になりました。「天の舞」の隣にある宿泊型研修施設「海の舞」のイルカホールに、原画40枚が飾られています。カードの次は「カタカムナウタヒ日めくりカレンダー」もできました。次々とカタになって商品化されてとても嬉しいです。

直感とインスピレーションで、第48首まで描いてきましたが、第44首の絵から、ガラリと傾向が変わりました。男女の愛の姿が登場してきたのです。

カタカムナの相似象を学び、触れているうちに、私の中の宇宙が発酵、発光して、熟してきたのかもしれません。特に相似象が「性の栄養性」の大切さを説いているので、絵も自然に男女の愛の表現になっていきました。

第45首の絵は、天使のカップルがソフトにキスをしています。第46首の絵は、クリムトの「接吻」という代表作を参考に、さらに甘い雰囲気になるように描いてみました。

クリムトは、自然体で生きて、女性との愛をそのまま絵に表現した人です。1度も結婚しませんでしたが、常に愛人が12人いて、モデルに全裸でアトリエを動き回ってもらい、気に入ったモデルを描き、その氣になったらラブラブするという、とても自由な人生を楽しんでいました。その結果、子どもがたくさん生まれて、認知した子どもが14人もいたそうです。なんておおらかで自由なのでしょう！　羨ましいかぎりです。
クリムトの「接吻」は、まさにアマウツシそのものです。男女が愛し合って恍惚の接吻をするとき、お互いの特異点がひとつに溶け合って、アマウツシ状態になるのです。**つまり、男女合体によって見えないカムの世界から、この世の見える世界（カタの世界）へとアマを映しとるのです。**

私はクリムトの「接吻」の絵がとても大好きで、いつか描きたいと思っていたので、とうとう夢が叶いました。もちろん、完璧な模写ではなく、モチーフを借りながら、自分の感受性で自由自在に描いていきます。それは究極の至福体験です。たくさんの人々がクリムトの「接吻」の絵に魅せられるのも、この絵から、究極の愛を感じることができるからでしょう！

下絵のつもりが本格的になってきて、この上に渦巻きの図象符を描くのを躊躇するくらいの完成度になりました。

それで金色のスパンコール入りの透明な絵の具を使うことにしました。それもふと、つぶやいたおかげです。相似象の相棒、川ヰさんに教えてもらえたのです。

「つぶやくこと」はとても大切です。自分の中ではつかめなかったインスピレーションが、思いがけない流れで、ほかの人からもらえるのです。

ふと思ったら言語化して、周りの人につぶやいてみましょう！
「ふと思うこと」もカタカムナ相似象です。

さらに、カタカムナウタヒの日めくりカレンダーに、ちょうど1枚白紙が出たので、この第46首の絵を特別に入れることができました。性の栄養性が大切と説かれているので、バッチリの展開でした。次の第47首の絵は、アマテラスという響きがウタヒの中にはじめて登場するので、大好きなアマテラスの絵を描きました。

２０２０年11月、20周年記念講演会を名古屋の能楽堂で行いました。アマテラスの衣装を着て、カタカムナウタヒの絵40枚を解説したときの写真を見ながら、自分のアマテラスの絵を描いてみました。高校時代は毎日絵を描いて、美大を受けて画家になりたかったくらい絵が好きでした。方向転換して医師になってからも、絵を描き続けています。描いた絵が「天の舞」のショップに飾られたり、海の舞に飾られたり、絵葉書になったり、カードになったり、日めくりカレンダーになったりと、いろんな形で表現されています。目に見えないカムの世界を見えるカタに創造するのが好きなのでしょう！　まさに自分の生き方そのものが、カタカムナ相似象そのものです。

男女関係から紐解くカタカムナ相似象は、いかがだったでしょうか？　びっくりポンの連続だったかもしれませんが、大きくうなずける納得の内容だったかもしれません。それでは、いよいよ最終章の第5章にバトンタッチです。

コラム

美と健康をもたらす電気のしくみ

川井亜哉子

電気の差が大きい場所は人を健康にする

電池はマイナスとプラスがあって電流が流れるように、必ず陰と陽のものが一対となって働きが現れます。パワースポットといわれているところや気持ちがいいと感じる場は、陰と陽のエネルギーが盛んに働いています。

その働きは、その場、その土地が持つ電位差と関係があるのです。

電位差とは、ある地点で測った電位と、別の地点で測った電位の差のことをいい、この2点の差を電圧といいます。電圧が大きければ大きいほど、その土地は活性化し元気に満ちているイヤシロチとなります。

カタカムナ人は、この電位差が大きい場所を「美しい」と感じました。楢崎先生は、電位差の大きいことを「美感電圧」と名づけました。

そういう場所は、雰囲気がとてもよく、またその場所にあるものは酸化しにくく、還元力が豊富であるとされています。

美しさは人それぞれ感じ方が違うのですが、美感電圧が高い場所ではたいていの人が精神的にも落ち着き、道徳的な発想を促され、素直な心持ちになれるといわれています。

トキ・トコロが的確であれば、人間も肉体的、精神的に健康に過ごせるということです。土地の持っているエネルギーが、人の心に作用し、またそこに存在する物のエネルギーに影響するというのですから驚きです。

たしかに、神社や気持ちのいい風を感じられる高原などは、何か良い「気」をいただき、新たな気持ちになることが多いようです。

電気を多く持つ女性と、女性から電気をもらう男性

『相似象』の創刊号のはじまりに、「めんどりすゝめて、おんどり時刻を告げること」という言葉があります。これは夫が妻のいいなりになることを表したことわざですが、女性のほうがトキやエネルギーを感じ分ける力が発達していることをいっていると書かれています。

カムやアマに近く、また環境からアマ始元量を取り込みやすく、高い電位を持っているのが女性なのです。そして、男性は女性を通して、その電流を受け取っているのだと伝えられています。

これは古代、ご神託を受けるのは多くの場合、女性であったことからもわかります。女性が環境から取り込んでいるアマ始元量は、前述のイヤシロの場によって、さらに高まります。つまり、美感電圧を感じる場所では女性はより美しく映え、男性は心奪われやすいというわけです。そして男性も女性からたくさんの「元の気」、つまりアマ始元量を受け取り、生きる生命力を養えるわけです。

このようなことを、カタカムナ相似象では「イヤシロのミソギ」といい、イヤシロチにおけるプラスとマイナスの重なり合わせで、命を養う大切な祈りであることを伝えています。

それは空間に存在する美感電圧を受け取ることで、健康であり続けることが可能になるということです。

カタカムナ相似象では、食べ物から取る栄養と同じぐらい、男（サヌキ）と女（アワ）の「性の栄養」は大切だと考えられ、『相似象』には「性の栄養不良は、脳の調和的な働きを鈍らせる」と書かれているほどです。

男性と女性が親しくなることで命に栄養を与え、健康的になり、そして命の誕生にもつながるわけです。

この性の栄養はカップルのみならず、親子やご近所さん、友人や社会での異性との関わりに対しても、同じようにアマの恵みがあるといわれています。つまり、異性同士がいる「マ」（空間）であれば、電気が欠乏している人々は、電気を取り込めるということになります。

相性がピッタリの相手を見つけるために

「性の栄養」というのは、陰陽、プラスとマイナスという、異なった種類のものがお互いに向き合うことで発生するアマがうつされる「アマウツシ」のことで、これは響きによって起きてきます。

共振という、お互いが響き合う関係であれば、瞬時にそれがなされるわけです。

逆にいえば、誰とでもそうなるのではなく、自分にとって「ペア性」の高い人との間にしか、それは起きないということです。

出会った瞬間に「ビビッ」ときたなどといいますが、これこそペア性が高い関係といえます。そのような感覚を分かち合える相手は、世界に必ず1人はいるといわれていて、そういう相手を「対照性の高い相手」とカタカムナ相似象では伝えています。

昔の日本は、村で生まれ、村で育ち、村から出ることなく一生を終えた人が大半でした。生まれたときからいいなずけがいて、有無をもいわさず夫婦の契りを交わす風習がありましたが、ある意味、その相手は「対照性が高い相手」といえるかもしれません。囲われた土地で同年代に生まれ落ちることに、大きな意味があるからです。

現代はというと、相手を選択する自由度が増した分、相手に対する条件も多くなりました。「ビビッ」ときていないのに、仕事や年収、相手の家族構成などの条件を優先したり、また自分の年齢を気にして、焦って相手を決めてしまうことさえあるようです。これは、サヌキ（思考）の力が、アワ（心）を押さえ込んだ生き方だといえます。

誤解しないようにつけ加えますが、アワ性、サヌキ性は、どちらかが発揮されると、どちらかが後退するわけではありません。アワ性を働かせることで、活性化したサヌキ性の働きも生まれるのです。

サヌキ的な働き、つまり頭で考えることが多いからといって、「もっとアワ性を高めよう」「考えるより感じよう」などと思いがちですが、アワ性とサヌキ性をバランスよく発揮することが大切になります。

これこそが正反対向です。どちらも大切で、より深く頭で思考することで、感じる感覚も研ぎ澄まされ、どちらかを高めていけば、もう一方も高まっていくとカタカムナ人は知り、鍛錬していたようです。

イヤシロの土地で、いい場を作り、いい空気に包まれて生きていると、アワ性が高まります。アワ性が高まると、サヌキ性も高まり、対照性の高い相手は、当たり前のように目の前に現れてくるのです。

これは恋愛の話だけではありません。アマウツシが活発に行われれば、場所や物、命はさらに美しくなっていくのです。

さらに、医療や薬がなかった時代、カタカムナ人は、電位差のあるイヤシロチを活用することで、生き抜いてきたのかもしれません。

雷や台風は、地球をイヤシロチにするための電気の働き

電気についてもう少し詳しく説明しましょう。

目に見えるものはすべて電気性を帯びています。自然界における最大の電気の現れは、雷という静電気です。

「雷が落ちた大地の稲は、いつも豊作になる」と昔からいわれていますが、この理由もカタカムナ相似象で解き明かすことができます。

「カミナリ」（⊕）は、カムの世界に満ちているカというものが、ミ（実体）になり鳴り響くことを示しています。雷が落ちた土地の稲が豊作になることを目《ま》の当たりにした昔の人は、雷を稲とマグアウモノとして「稲の妻」と表しました。

また、電気量の足りない土地に雷はよく落ちるといわれています。生物である地球が、還元作用として電気を与えているのだと思います。

台風や竜巻もカタカムナ相似象的に捉えてみると、電気的なバランスを保つために起きているともいえます。

これらはすべて、電気が足りない場をイヤシロチにするための自然の働きのよ

うに思います。

気持ちがいい場所を見つける方法

イヤシロチとは逆に、電気性の低い土地を「ケガレチ」といい、病人がよく出たり、事故が起きたり、何をやってもうまくいかない場所となります。ケガレチとは、「気が枯れた」土地なのです。

たとえば、私たちは怪我をして出血すると、血を止める働きが肉体にありますが、同じように、大地の表面を鍬や鎌で耕す（傷つける・ケガス）と、大地や空間に存在するエネルギーが集まり、その傷を塞ごうと活性化します。

これらはすべて電気の働きですが、その結果、ケガレはイヤシロに変わり、作物は成長し、また人間にとっても良い土地になるのです。

しかし、場が持つ電気性は、絶対的なものではありません。ある人には気持ちがいいと感じられる場所でも、ある人には何も感じないというように、とても相対的なものです。

これは、その人が持つ電気量に関係します。エネルギーが枯渇した人は、電気量が豊富な場所は気持ちいいと感じ、エネルギーが満ちている人にとっては、そこは何も感じない場所となるのです。敏感だとか鈍感だとかということではなくて、その人とその場所の電気の差があるかないか、ということです。

肉体もひとつの場ですから、人それぞれ違います。ある食事療法がその人にとっては有効でも、ほかの人にとっては害になることもあり得るわけです。

ということは、自分の心身にとって有効な場がわかり、そのような場を持つということが、とても大事だとわかります。対照性の高い場にいることで、気が戻り元気になるのです。

家をイヤシロチにする

また、物にも対照性があります。すべての物には、それが美しく感じられる角度や位置、置き方があります。その物が置かれたい場所、置かれたい方向性が存在しているのです。仏像を置く場所、鳥居を見る場所、家を建てる場所、部屋で物を置く場所など、すべてのものに、もっとも美しく見える、ふさわしい場所や方角があるのです。

しかし、その場所がホコリだらけでは美しいと感じることはありません。逆に、物の位置は変わらないのに、ピッカピカに磨き上げることで、空間が新鮮な雰囲気に包まれるのを感じることもあります。

空間の電気環境を整え、場の電気量が増すようになれば、気づきは深まり、自分にとって何が必要で何が不必要なのか、自ずとわかってくるのです。

「断捨離は好きだけど、掃除は嫌い」という人が、私の周りには結構います。たしかに掃除は億劫なものですね。そういう方のために、少しだけ頑張って拭き掃除をすることをお勧めします。場の持つ空気が美しいと感じられるような拭き掃除をすると、物が邪魔だと感じ、断捨離が進みます。結果、その場にとって対照性が高い物しかない空間が生まれます。

そのような空間にいると、肉体へのアマのウツシも活性化し、健康に生きていけるのです。

カタカムナ相似象では、アマウツシを直観で感じられるカンを鍛えることを勧めていますが、これはウタヒの図象を書き続けていることで鍛えることができます。セミナーに参加してくださっている方は、様々な発見があり、また変容をされていました。

美しさと健康をもたらす場の電気作用を、大いに活用していただきたいと思います。

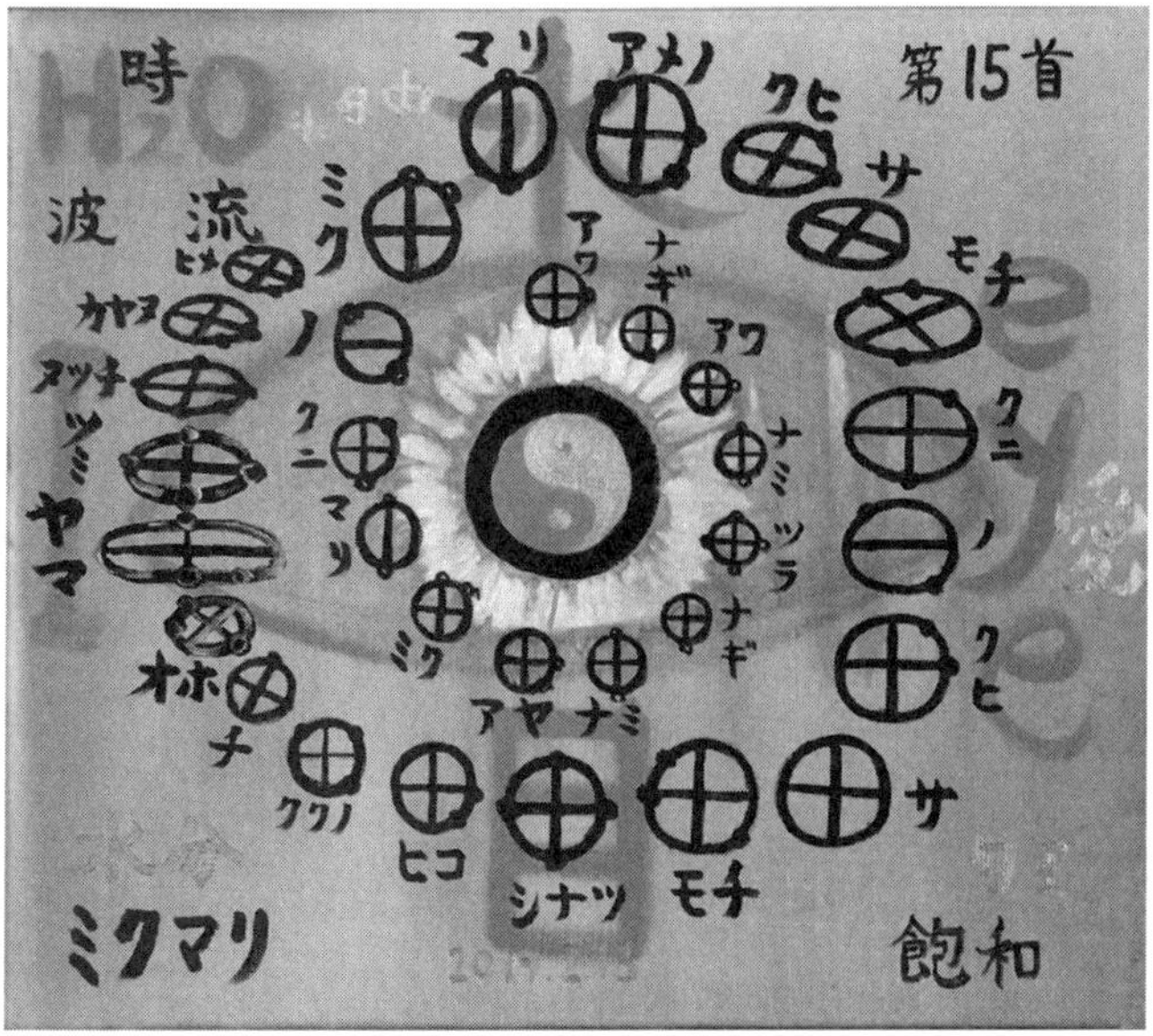

第5章
新しい時代とウタヒ

セネカからのメッセージ

私のカタカムナとの出会いは、とても神秘的で忘れがたい、内なる宇宙とのコンタクトからはじまりました。

私たちは、自分の思いで、自分の人生、内なる宇宙、感じる世界を創造しています。このことは、何度も何回も、繰り返しナ～ナ～とこれまでの自著で伝えてきたコアなエッセンスです。これが宇宙のしくみの基本なのです。

その実感がはじまった頃と同時期の37年前のことです。

内なる宇宙から、それは美しい声で、

「啓子ちゃん、カタカムナを学びなさい。宇宙のしくみがわかるから」

と女性の声が響いてきました。私は思わず、「えっ、あなたは誰なの？」と問いかけました。

「私はセネカ。あなたの内なる宇宙にいる千手観音よ〜」と即答が来て、びっくりポンでした。千手観音は仏像でしか見たことがなかったのです。生々しく話しかけてくることに、びっくりでした。しかも、「セネカ」と自分で名乗り出たことにも驚きました。

姿を見たいと思った瞬間、イメージで美しいしなやかな女性が目の前の少し上のほうに現れました。

赤とゴールドの衣装を身に着けていて、アクセサリーも輝いて素敵でした。

よく見ると、たしかに千手観音らしく手がたくさんあって、優雅に踊るように手が動いていました。ゆるやかに動いていた手が自然に止まって、巻物のようなものが、私の目の前に出てきました。私はそれをもらえるのかと思って両手を出したら、パッと消えてしまい、がっかりしたことを覚えています。

そして今、こうしてカタカムナへの道がはじまって、やっと自分の内なる宇宙に存在する千手観音セネカに、「やっとここまでカタカムナの探究ができたわよ〜」と、この本を見せることができます。千手観音のセネカの手の中にこの本が加わって、新しい道具として仲間入りです。

セネカが手に持っていた巻物のように、カタカムナの文献は、巻物に描かれたカタカムナウタヒ80首しか残っていません。

カタカムナ相似象は、ウタヒが唯一の手掛かりなのです。

カタカムナ人は、私たち地球人が感受性をどんどん鈍らせてしまったことを心配して、ウタヒに感受性を取り戻せるように、思いを込めて残したのです。

私は久しぶりに内なる千手観音のセネカに話しかけてみました。

「セネカ、久しぶりです。あなたが教えてくれたように、カタカムナに出会って、今相似象を学んでいます。丸十のカタカムナ文字を見ながら、ここまで探究してきました。ウタヒを大好きな絵にも描いて、日めくりカレンダーまで作って、日々カタカムナウタヒを見つめながら感受性を取り戻そうとしています。今まで43冊も本を書いてきましたが、こんなに時間をかけて、四苦八苦しながら書いたのははじめてです」

「あなたの奮闘ぶりを、ずっと見てきましたよ。言霊から入って、相似象にたどり着きましたね！　とても順調です。この調子でカタカムナ相似象を世に広めてください。必ず目覚める人がいます。**過去生でカタカムナ人だった人々がこの本を手に取って、感受性が目覚めて、宇宙のしくみを思い出します。**そのための本です。多くの人々が目覚めて、深く宇宙のこと、自分のことがわかれば、自然にそれぞれのユートピア担当地区で、それぞれのユートピア活動ができて、あっという間に新しい平和な地球ができます！　最後に私との対話まで書いてくれてありがとう！」

と嬉しい言葉が返ってきました。もしかしたら、カタカムナ相似象を探究してきたおかげで感受性が高まって、セネカからのインスピレーションを受け取れたのかもしれません。

私たちは、ウーーッと思いつめたときに、アイデアが生まれ出てくるのです。まさにウは「生まれ出る」意味の響きでした。

新しい文明、新しい地球は西からはじまる

この最終章を書く同じタイミングに、川ヰさんが名古屋の相似象セミナー仲間たちと、沖縄の離島・西表島ツアーに行きました。さわふじが咲く川べりをカヌーで下り、幻の滝にたどり着くという、スペシャルなツアーです。

さわふじは、私たちの左半身の女性性を開く香りを放っています。さらに、この香りは波動を高めて、人生の次のステップへと導いてくれるのです。

それを自然界の中で生で感じることができると、人生の感動的な体験として、深く魂に

記憶されていきます。

しかも、場の名前が西表島《イリオモテジマ》なので、「イリ（西）が表になる」ということ。まさにこれからの新しい地球は、「西が表になってくる」というサインです。カタカムナ相似象的に、沖縄は地球のへそに当たるので、カタカムナ相似象を広めはじめた川ヰさんが西表島で遊ぶことは、そのままユートピアの象徴になっていると思うとワクワクしてきました。

たしかに、文明は西からはじまるとされています。沖縄から琉球王国神が発動するとなれば、日本の西である沖縄・琉球が、これから文明の中心となってくるのではないでしょうか？

私が東京から沖縄に移住しようとしたとき、ヒントとなった本が『西行』（白洲正子著・新潮文庫）でした。まさに「西に行け～」というメッセージでした。それから大発展の流れがあって、今日を迎えています。

新しい地球に移るときに、まずおへその沖縄（琉球）が、むずむずしてくるのです。沖縄に住んでいる私には、とても嬉しいことです。カタカムナ相似象を知ることで、時代の変化の意味がわかり、これからの方向性が見えてきます。

カタカムナウタヒを唱えることで、カムの世界との交信がはじまる

カタカムナウタヒは、4万年も前にカタカムナ人が私たちのために残してくれた大切な宇宙のしくみのメッセージですが、遺されている文献が、この80首のカタカムナウタヒだけというのも不思議です。

渦巻きに描かれたカタカムナ文字は、宇宙の真理を表現しています。右回りの渦は、宇宙の真理、真髄です。銀河も右回り、台風も右回りです。右回りでエネルギーがどんどん入ってくるからです。

右回りの渦巻きは、カタカムナ文字が独特な響きを生み出しているのです。いかようにも取れるカタカムナ文字を、暗号を解くように楢崎皐月さんが人生をかけて解読してくださいました。それを土台に、私たち後輩たちも新しい感覚で紐解いていくときが、いよいよ来たのです。

どんどん直観を、感受性を活用して解読していきましょう！

きっとこのウタヒの響きが宇宙にこだまして、宇宙が響いて、新地球に必要なものから

型だし（現象化）されてくると思います。

大切なのは、声に出してカタカムナウタヒを唱え、響かせることです。

これこそが、この本を世に出す最大の目的といっても過言ではありません。

だからこそ、カタカムナウタヒの解説をここでしっかりすることにしました。

第1首、第2首、第3首、第4首、第5首、第6首が、とても大切なウタヒです。**特に第5首と第6首は、そのままずばり48音を表していますので、いちばん大切です。48音を唱えられるまで、ぜひ声に出して覚えてください。**

２０２１年7月31日と8月1日、和歌山県にある「ゆの里」で相似象セミナーの合宿がはじめて行われました。合宿の前夜、**世直しのときに現れる菊理姫様から久しぶりに「カタカムナウタヒを謡ひ舞なさい」というメッセージが私のもとへ届きました。**合宿が終わったあと、川井さんと名古屋のメンバー7人で、高野山の入り口の丹生都比売《にうつひめ》神社をお参りしました。白い犬と黒い犬を連れた狩人が、空海さんを高野山へと導いたといういわれがあります。白と黒は、まさに陰陽を表しています。

その狩人が丹生都比売神社の御祭神の丹生都比売大神の御子、高野御子大神の化身だと

「高野山開創縁起」に書かれています。

お参りするときから雨が降り出し、土砂降りになりましたが、菊理姫様の誘導で本殿の中に入って、第5首と第6首をゆっくりと唱えました。すると、どこからともなく笙の音がしてきて、それは荘厳な雰囲気になりました。菊理姫様が嬉しそうに、美しく舞う姿を見て、私は約束が果たせたという思いで、ほっとしました。

ぜひ、**カタカムナ48音を唱え、舞うという新しい習慣をはじめてみてください。**これは世直しの菊理姫様からのメッセージです。

自然に体が自由に動きますので、ゆったりとトキ・トコロを感じながら、ウタヒを謡《うた》ひ舞ってください。**舞は、時空（トキ・トコロ）を整えます。**

カタカムナ相似象48音を唱えることで、新しい地球への移行が楽にできるようになります。まさにヨハネの音霊が響き渡るときに、アセンションののろしが上がるのです。

声に出して唱えることで、48音の音霊が宇宙に響き渡り、宇宙の根源とつながって、見えないカムの世界と交流がはじまります。そこから生まれる様々な天からの響きとメッセージを、私たちが各自受け取ることができます。

そのメッセージを感受して、潜在意識にプールして必要なときに引き出して、活用できるのです。

カタカムナ　ヒヒキ　マノスヘシ　アシアトウアン　ウツシマツル
カタカムナ　ウタヒ——第1首

これはカタカムナウタヒ第1首です。中心図象は「ミクマリ図象」です。

カタカムナ相似象48のサトリは、このカという図象からはじまっています。つまり、カがどんな状態になっているかを伝えているともいえます。

このウタヒは、「カタカムナの響きは、マが循環し示されます。アシアトウアンが写し祀ったカタカムナウタヒを、これから伝えます」という内容で、アシアトウアンが大切なことを伝えますよ~とカタカムナウタヒのはじまりを伝えています。

フレーズごとに解説していきましょう。

大好きなフレーズ「マノスヘシ」です。

アマ宇宙球において（マ）、様々にうつり変わり、姿カタチを保ちながら（ノ）、極限・飽和・安定まで進行して（ス）、４相のコロイド状になりながら、方向性を持つチカラと

して（ヘ）、示されていく（シ）ことを表しています。

次のフレーズ「アシアトウアン」を解説しましょう。

現象界におけるあらゆる存在の（ア）、示しは（シ）、カムがアマ界に現れたチカラの（ア）、重合にのって（ト）、現象と潜象の両界面から（ウ）、あらゆる存在のはじまりの量（アマ始元量）が（ア）、励起され生まれてくる（ン）。

アシアトウアンとは、「頭」（カシラ）であり、あらゆる高次元のうるわしい存在だったそうです。「アシアトウアン」「カシラ」「ウルワシ」はすべて同じ図象符（）になります。

この本を読まれているあなたも、ぜひアシアトウアンを目指してください。

そして次は、「ウツシマツル」のフレーズです。

潜象界と現象界の境界面で（ウ）、多様化・渦として（ツ）、示されている（シ）、現象界の宇宙全体に（マ）、個々性として（ツ）、存在を保っている（ル）ことを表しています。

ウツシマツルの図象は、ケイ素の分子式と相似象です。

直観をつかさどる松果体も、実はケイ素でできています。直観を大切にしていたカタカムナ人は、ケイ素の大切さを理解していたのです。おそらくカタカムナ人の松果体は、今の私たちよりもずっと大きく活性化していたと思います。この本をここまで読み切ったあなたの松果体も、きっと活性化して大きくなっているに違いありません。

第1首は、カタカムナ相似象の根本原理を伝えていて、カがわかるとカタカムナ相似象がわかるといわれています。

カは、見えない世界のさらに奥の世界に遍満しているものだとカタカムナ人は思ったのです。カが宇宙のはじまりなのです。

ずばり、カはチカラの意味です。漢字でも「力」と書きますが、偶然とは思えません。

では、見えないカムの世界からカを取り出して、この世の世界、カタの世界をどのように作ってきたのでしょうか？

カカカカカカ……とチカラのカが繰り返されることで、カはあるとき、タになります。

さらにタタタタタタ……と繰り返されることで、次はマになります。そしてさらにママママママ……と繰り返されて、やっと目に見えるカタになります。それが目に見えるカタの世界、この世です。

カタカムナウタヒの絵を48首まで描きましたが、第1首の絵は光の世界を表現していて、真っ黄色の世界です。この絵を見るだけで、私たちが昔いた光の世界に意識が飛んで、本来の自分の故郷を思い出すことができます。

この世界にどっぷりつかって自分の本質を忘れていた人も、一瞬で目覚めることができます。それだけこのウタヒが、この絵がとても大切なのです。

中心がミクマリ図象の大円です。その中にすべてを見ている目を描きました。この第1首の絵を見つめましょう。カラーで見たい方はカタカムナウタヒ日めくりカレンダーで見ることができます。「啓子メンタルクリニック」のホームページにある「琉球の舞」からお求めください。かなり本物の絵に近づいた美しい仕上がりになっています。生の絵を見たい方は、沖縄恩納村にある「海の舞」のイルカホールに飾っていますので、ぜひ見にきてください。

ワーク

第1首のウタヒを唱えましょう

自分がアシアトウアンだと宣言すると、不思議とカタカムナ相似象が意識の中に気持ちよく入ってくるようになります。

カタカムナ　ヒヒキ　マノスヘシ　アシアトウアン　ウツシマツル
カタカムナ　ウタヒ
私たちは光の世界からこの世にやってきた。私たちのヲモヒが渦になって形になる。そのしくみをこのウタヒで解説。私は光、私は目、私は愛。思いが渦になって形になる
私も、アシアトウアンになる～。私も、アシアトウアンになります～
私は、アシアトウアンです～

渦は宇宙の原型です。相似象です。光も目も愛も、宇宙のしくみの中で、とても大切な意味を持っています。宇宙のすべてです。

自分の本質に目覚めることが、あらゆることを解決する最短距離になります。

カタカムナウタヒは、80首のウタのヒの示しです。ヒとは、あらゆるはじまりですから、まさに最初のウタにふさわしい内容になっています。

ヤタノカ　カミ　カタカムナ　カミ——第2首

第2首の中心図象は「カタカムナ図象」、または「ヤタノカカミ図象」と呼ばれています。そして、潜象の「カ」のサトリについて、私たちの命を感受したウタヒです。ヤタノカカミが、カタカムナのカミであるという、とてもシンプルで短いウタヒです。

では、フレーズごとに解説していきましょう。まずは「ヤタノカカミ」のフレーズです。

飽和・安定の極限まで進み（ヤ）、溜《た》まり達すると（タ）、変遷しうつり変わり（ノ）、無限大のチカラ（カ）、エネルギーという（カ）、身・実になる（ミ）ことを表しています。

ヤタは「やたらと多い」などと表現をするように、多いという意味の響きを持っています。ヤタノカとなると、カというものが、タするのはヤですするのだという物理（サトリ）を表現しています。

ヒフミヨイムナと、1から7まできて、8のヤで飽和して、そこで場作りができて、やっとカがタして、カタになるのです。カだけではヤにならないの～。ヤがいてくれて、ありがとう！

カがカタになるには、場が必要なのです。まさに、やったーです。

インドで発祥した、笑いヨガでも、無事に笑えた後に、「ヤッター、ヤッター、イェーイ！」というかけ声を唱和します。ヤがタした喜びを表現しているのです。

そしてまた、私たちは嫌になると、「ヤ～だ」といいます。もういっぱいいっぱいの飽和状態のとき、続けたくな～いという本音です。

面白いことに、ヤ～だと思ったときには、あっという間に次のヒになって、新しい渦、ナナヨツギの変化が起きているのです。これがヤのサトリです。

すべてのものには、ヤという極限があります。無限に続くように見えて、必ず飽和して終わるときがくるのです。

飽和すると、正反の方向にスヘしていきます。これが第1首に出てきた、マノスヘシです。つまり、ヤタノカは、カがヤでタしてマに変遷することです。マになるということは、カタチを持つことを意味しています。

そして、カタカムナのカが現象世界に関わることで、どんな働き、どんな姿、どんな形を作り上げるのかを、実際の姿・形として伝えていて、それがカタカムナのカミだということを伝えています。

また、ヤは8を表現しています。自然界に8はたくさんあり、元素の周期律も8種、音も8段階でオクターブ、結晶構造も8種類、宇宙空間の天体や構成の配置も八偶位型です。私が描いた第2首の絵は、緑色の玉が四葉のクローバーのようにくっついて4相を表しています。第2首の絵から生み出された言葉を声に出して、ウタヒのあとにいってみましょう。

ワーク　第2首のウタヒを唱えてみましょう！

ヤタノカ　カミ　カタカムナ　カミ
私たちは神
思いで世界を創る
鏡で映し合って、タマになる

私たちは本当に自分の思いで、自分のいる世界を作ることができます。これは大切な宇宙の真理です。巨大な光の神が自分を知りたくて、悠久の昔に分光して、手分けして自分を探究する旅を楽しんでいるのです。私たちは神の分け御魂《みたま》なのです。だから、**みんな平**

等に創造できるチカラを持っています。どのように思えるかが違うだけです。これまでの体験が違うので、思い癖が違うのです。これも大切な真理です。思い方が違うから面白いのです。違うから、別の角度からの探究ができているのです。

この真理を知ると、悩みがぐんと減ります。違うことで悩まずに、面白がれる視点に変わります。もっと人生を楽しむことができるのです。

フトタマノミ　ミコト　フトマニ　ニ——第3首

第3首の中心図象は「フトマニ図象」で、フトマニの物理（サトリ）を伝えています。

まず、「フトタマノミ　ミコト」のフレーズを解説しましょう。

フは、ふたつのカ（チカラ）を表しています。ひとつは「ヤタノカ　カミ」のカ。もうひとつは、「カタカムナ　カミ」のカです。

この2つの力が重合し（ト）、タマという独立体になったものを、フトタマといいます。フトタマが様々なモノに変わり、命（ミ）になっていきます。そしてミコトは、ヒフミと、ヒが3つになってまとまり続けていくことを表しています。たとえば、日常的に「そういうことね」などと、「こと」の流れを確認するコトで、ミコトになります。

そして「フトマニ　ニ」のフレーズです。

ふたつのもの（フ）が重合し重なり合って（ト）、ミコトすることで、間に（マ）定着したもの（ニ）が、さらに定着（ニ）していくことを表しています。

ニが繰り返されるのは、繰り返しのあとに、いよいよ現象粒子として発生し、ニカワで定着されるようにしっかりと定着されるという意味です。

日常で「ふと思った」というのは、フトマニのフトです。身近に感じられるでしょう？

これからフト思ったときには、フトマニ図象を思い出してください。

フトマニ図象の四角は現象界を、外側の丸は潜象アマ界を示しています。そして、境界線は、両方の世界を共通しています。

フト思ったことは、必ず周りを調和で包むアイデアです。素晴らしい考えが浮かんでくると思ってください。それだけフトマニは、大切な役割を持っているのです。見えないカムの世界と見えるカタの世界をつないでいるのです。フト思ったことをマニ受けてくださいね〜。

ワーク

第3首のウタヒを唱えてみましょう！

フトタマノミ　ミコト　フトマニ　ニ
私たちはイノチ
正と反が調和して
タマとなり　愛を響かせる

イハトハニ　カミナリテ　カタカムナ　ヨソヤコト　ホクシウタ
――第4首

中心図象は「ヤタノカカミ図象」で、永遠に正反に命の発生が続くという、普遍性を伝えているウタヒです。カタカムナウタヒ48音を表した第5首と第6首に導かれていきます。

最初にイが出てきますが、イが出てくると電気の出番です。

では、フレーズを解説しましょう。まず「イハトハニ　カミナリテ」です。

生命体を構成する最小単位の極微粒子イカツ（イ）が、正反対向で分かれ（ハ）、重合

したモノ（ト）の、正反によって（ハ）、定着されるのは（ニ）、ヤタノカカミとフトタマ（カ）の実（ミ）が、何度も何回も繰り返して（ナ）、対向発生により分離（リ）し、ヒタリ・ミキリの正反の現象（テ）として、パタパタと成り立つということを表しています。

そして、「ヨソヤコト　ホクシウタ」とは、48のコトに生命の潜象物理があることを分解し、理解することをウタっている、と表します。

日本の神道に「コトホグ」（言祝）という言葉がありますが、ホクシウタとつながっているのではないでしょうか？　ホクとは、現代では固いものをほぐしたり分解したりする意味ですが、「理解する」という意味もあります。

第4首のウタヒは、絵を描いていて惚れてしまったウタヒです。フリーハンドで一気に陰陽マークが描けて感動したのですが、その美しさに魅了されました。

ワーク

第4首のウタヒを唱えてみましょう！

イハトハニ　カミナリテ　カタカムナ　ヨソヤコト　ホクシウタ

光と闇が調和する

陰と陽が統合する

宇宙は球
体験するほど丸くなる

ここまでに、第1首でカタカムナの根本原理を表し、第2首で現象の起源がカタカムナのカミであることを、そして第3首で、現象の生命体が、正反対向、互換重合で発生することを、そして第4首で、生命のあり方（マノスヘ）を表現してきました。いよいよカタカムナ相似象48音を表現した第5首と第6首の登場です。真打登場です。パッパラパッパッパ〜〜と高らかにラッパの音が聞こえてきそうです。

ヒフミヨイ　マワリテメクル　ムナヤコト　アウノスヘシレ　カタチサキ――第5首

中心図象は「ヤタノカカミ図象」で、生命の誕生についての大切なウタヒです。一気に解説をしていきましょう。

ヒ・フ・ミのマリは、ヨで時空が生まれ、イで電気性を持つマリとなり、旋転（マワ

リ）しながら（テ）循環（メクル）し、六方環境から（ム）繰り返し何回も（ナ）極限安定（ヤ）するまで重合（コト）します。その重合が発生（アウ）し、変遷する（ノ）物理（スヘ）を示せば（シレ）、カム（カ）から独立（タ）したチカラ（チ）が微分（サキ）される、ということを表しています。

ヒフミヨイは、「正」を表し、ムナヤコトは、「反」を示します。

宇宙のすべては、極大から極微の存在まで、正と反の動きによる球（マリ）の「旋転・自転」と、「循環・公転」の動きで抽象されているということです。

球（マリ）の性質を、私たちはつい忘れてしまっています。正反2つがあってこその球体ですが、どうしても私たちは、正のみを求めるものです。反があって正は存在可能なのです。

正の動きが大きいと、反の動きも大きくなります。今までの時代は反に傾いていたので、今こそ正の傾きが大きく表に現れようとしています。待ちに待ったユートピアの出現です。

それに伴なって、カタカムナ相似象48音の響きが日本から世界に伝わっていきます。

48音の最初の響きの1のヒから、ヒフミヨイの5のイまでマワリテメクルと、ムナヤコトの6から10までが続きます。そしてヒがひと回りするとアとなり、アウノスヘシレ、つまりまったく異なる正反のものが向き合って（正反対向）、お互いに重なり合う（互換重合）ことを知りなさいといっています。まさに陰陽統合ですね！　なんでもいいんよう～とってもいいんよう～と、まるで磁石のNとSがピタッとくっつくように一緒になるのです。

そして、いったんくっつくと、まったく別物になります。

「カタチサキ」は、カタチ（形）と思ってしまいがちですが、カタカムナ相似象的に解説すると、カタ（型）をチ（持続）させることで、サキ（分割）して48個の文字を作ったということです。タチは性質という意味もあり、「タチがいい（悪い）」というように、今でも日常で使っていますね。

互換重合してできた相を分けて、48個の物理（サトリ）が生まれたのです。

また、アウノスヘシレが統合、カタチサキが微分という、アマの2つの性質をも表現しています。

第5首のウタヒの絵は、さわやかな緑の下地に地球の内部構造のような、いろんな渦巻きを黄色で描いています。そして「地球の創生」「原初の生命」「生み（産み）の実態」という言霊が浮き出てきた絵になっています。

ワーク

第5首のウタヒを唱えてみましょう！

ヒフミヨイ　マワリテメクル　ムナヤコト　アウノスヘシレ　カタチサキ

愛あふれる地球から
たくさんのイノチが生まれた
見えないカムの世界から
美しくマワリテメグリ、形となった

ソラニモロケセ　ユヱヌオヲ　ハエツヰネホン　カタカムナ——第6首

中心図象は「ヤタノカカミ図象」で、第5首のカタチサキで別れたアマが還元されていることを表しています。第6首は逆転劇になっています。

これも一気に解説しましょう。

ソラニモロケセの7つの文字は、図象の大円の輪が全部ありません。大円をモロ消しているのにユヱ（故、理屈）はないのです。さらに小円の位置がこれまでとは逆回りになっています。

宇宙空間（ソ）に現れて、正反左右上下（ラ）に、定着（ニ）したものが、もわっと出てきて（モ）、次々と連なり集まって（ロ）氣（ケ）となり、勢いを増してくる（セ）ということを表しています。

そして次のユヱヌオヲで、どんどん還元がはじまります。

お湯のように沸き上がり、発生して（ユ）、増殖し（ヱ）、客観視できず（ヌ）、六方八軸の立体的に起こることもあり（オ）、4相すべてまとまって収まる（ヲ）こともある、と表しています。

そして、これまで述べてきた**万物万象の生成発展、分化還元の相は、生える（ハエ）、個々性の（ツ）、根（ヰネ）がもと（ホン）である、**ということを表しています。

また、ハエツがカタの世界、ヰは何度も何回ものナ、ネホンは見えないカムの世界です。

第6首のウタヒの絵は、黄色の光の天から力強い渦巻きを伴って降りてきた光の子、人間が誕生する絵です。トーラスの循環するエネルギーを受け取りながら、楽しくいろんな体験を愛の星地球で続けています。自分で決めた寿命というベストタイミングの日に、また光の世界へと帰っていくのです。

ワーク

第6首のウタヒを唱えましょう！

ソラニモロケセ　ユヱヌオヲ　ハエツヰネホン　カタカムナ

光の世界から現実世界の3次元に
人生のシナリオを持って、誕生した
何度も何度も繰り返し呼ばれる名を持って
やりたい体験をするために生まれてきた

すべてのものは、ヒフミヨイと回りながら、正反対向して存在しています。

一面だけで存在するものはなく、陰陽の両面を持っています。がっちりと固まったものもなく、すべてが変化、変遷しているのです。正反、静動と両面を持っているのが実相の世界なのです。

カタカムナ人は、このコトワリを図象文字として抽象的に表現して、後世の私たちの脳が衰えないように、活性化できるように工夫してくれたのです。

光と水があらゆる命を生み出す

ウタヒの真ん中に描かれている円形の中心図象は、前述したように3つあります。いちばん多いのが「ヤタノカカミ図象」です。80首のうち71首あります。次に多いのが、「フトマニ図象」で7首、そしていちばん少ないのが、「ミクマリ図象」です。第1首、第15首の2つしかありません。

ミクマリ図象は、光と水のウタヒです。光と水が命を生み出します。

前述の「ゆの里」でのセミナー合宿では、「ゆの里」の重岡社長から、水についての素晴らしい解説を5時間も受けるというラッキーなご縁がありました。

水こそが命の源で、光とともに響かせると、ありとあらゆる命が誕生するそうです。それを立体構造的に解説していただいたことで、それまでセミナーで学んできたカタカムナ相似象の内容が、さらに深く魂に浸透してきました。80人の参加者のみなさんの魂が、喜びで震える響きが感じられました。

空海さんが予言してあふれてきたという「ゆの里」の「金水」は、男性的でアマの世界で浄化の力を持った水でした。構造的に正八面体ががっちりと幾層にも重なって、とてもパワフルな水になっていました。アトランティスの人々が日々自然に行っていたマカバ呼吸が可能になるような不思議な水です。

そして、「ゆの里」に湧き出たもうひとつの水「銀水」は、女性的で解放の力を持った水でした。解毒の働きを持ちます。いろんな体験によってからみ合った波動がほどけて、本来の姿に戻るチカラをくれる、これまた不思議な水です。

さらにもうひとつ「銅水」は、鏡界面に銅が付着しています。銅は毎日3ppm必要です。血液や骨を作るのに使われています。銅水は、結びや調和の働きを持っています。金水と銀水を絶妙に合わせて、男性性と女性性が統合したスペシャルな水が、「月のしずく」です。これを飲むことで、私たちの体の約68%の水が変容し、本来のバランスの取れた水になります。陰陽統合の水が湧いてできた、まさに大地の恵みです。

カタカムナ相似象では、カがわかるとカタカムナ相似象がわかる、カが大切だと何度もお伝えしてきました。そのカは、実は命のタネ（種）です。

カタカムナ相似象では、鬼も神になります。つまり、すべては光でできているので、す

べては神なのです。光と水が合成されて命ができていきます。

水は多面体構造を持っています。正四面体を開くと、無限大∞になります。そして水は気体・液体・固体の3相だと思い込んできましたが、液晶というコロイド状態があって、水は実は4相であることを知りました。目から鱗でした。

またさらに、水の分子（化学式）はH_2Oとされていますが、本当は「H_2O_4」で、Oが4つだそうです。びっくりポンです。カタカムナ相似象に出会ってから、今までの常識を覆すような内容が登場して、意識がひっくり返ります。

水の性質を深く知ることができれば、命についてもさらに謎が解けてきます。

宇宙からお借りしている宇宙服、肉体の約68％が水です。ですから、どんな水を日々飲んでいるかで、肉体のほとんどの波動が決まります。あなたが今はまっている水は、どんな水ですか？

カタカムナ相似象では、ミクマリが水分子として、とても大切な存在として、ウタヒにも登場してきます。

中心図象がミクマリのウタヒは、第1首と第15首です。第1首の絵はすでに紹介した通りです。第15首の絵は全体を水色に描きました。自著『目覚めよ、松果体』にカラーで紹介されています。

中心図象が大きな目になっていて、そこに私たちの魂の歴史が埋め込まれて記録されています。目から黄色の光が滲み出ています。第3の目を刺激するので、松果体の活性化にはバッチリです。

第15首の最後に、オホヤマヅミという古事記に登場する神様の名前が出てきますので、その文字を描いているときに、オホヤマヅミの神様ご本人から、インディゴブルーとシルバーで描いてほしいとリクエストがあり、びっくりしました。これが啓子ワールドなのでついてきてくださいね。少し横にへこんだカタカムナ文字になりましたが、描きながら「オホヤマヅミは、イワナガヒメとコノハナサクヤヒメの父親でもある神様だったわね〜」と思い出しました。

瀬戸内海の小さな島に、大山祇《おおやまづみ》神社があります。越智家の先祖の大切な神社です。越智家は海の豪族だった河野一族につながっていて、よけいにこの第15首のウタヒが身近に感じられました。


水と光は、命の根源です。命は、水と光が織りなした周波数ともいえるのです。

アマテラスのマントラ

ここで、アマテラスのマントラについての解説をしたいと思います。

１９９５年1月17日の関西大震災のあと、天から降りてきた不思議でパワフルなマントラです。**これを唱えると、必ず大きな光の柱がそびえ立ち、大浄化されるのです。**そのとき以来、26年間、いろんな場所でアマテラスのマントラを唱え続けてきました。

それが２０２０年の2月23日、京都で開催されたカタカムナ相似象セミナーのとき、懇親会の席でイタリア料理を待っていたタイミングに、2番が降りてきました。

2番にある天津神《あまつかみ》とは、天照大御神《あまてらすおおみかみ》など神生みの神々のことです。見えないカムの世界の響きが、ヒフミヨイムナヤコトと、1から10までの数霊として表れて蘇ってくるときが、まさに今です。今、アマが開かれるときなのです。

ちょうど、カタカムナ相似象がこの世に蘇ってくることを歌っているマントラ（言霊）です。

最初の1番目のマントラは、まさに神の戸が揺れて開いたときに降りてきて、2番目のマントラは年月が経って、カタカムナ相似象とともに降りてきました。

この2番がさらにパワフルで、これを唱えるとさらにパワーアップして自分とその場の光が強くなり、宇宙根源のエネルギーとつながるのです。2万6000年ぶりの地球の大きな地軸変動のときに、とてもパワフルなマントラが登場するのは心強いことです。ぜひあなたもこのマントラを唱えて、ご自分のユートピア担当地区で、光の柱を立ててくださいませ。

では最後のワークです。アマテラスのマントラを唱えましょう!

ワーク　アマテラスのマントラ

1　アマテラス　天地の　光満つ　地に降りて　カムナガラの道
今開かれん　ア～オ～ム　ア～オ～ム　ア～～オ～～ム～～

2　天津神　カムヒビキ　ヒフミヨイ　ムナヤコト　蘇るとき
今開かれん　ア～オ～ム　ア～オ～ム　ア～～オ～～ム～～

新地球が無事に開かれて、私たちがもれなく移行できますように！
見えないカムの世界と見えるカタの世界が一つに溶け合いますように！

ちょうど「海の舞」のイルカホールで、ヒーリングセミナーを開催したとき、びっくりの体験をしました。巨大な台風6号が宮古島に停滞して、飛行機が全便欠航したため、県外からの参加者9人が沖縄に到着できなくなりました。

セミナー当日の朝の便で、全員がたどり着くという予想外の展開でしたが、台風6号が宮古島で停滞した意味がわかったので紹介します。

実は、カタカムナ相似象がからんでいました。宮古島と北海道、北米大陸は似たような形をしていて、見事に相似象です。**宮古島に巨大な台風が停滞することで、暴風雨による浄化とパワーアップが注がれて、それが相似している北海道と北米にもつながり、北海道と北米が浄化とパワーアップを受け取ることができたのです。**

宮古島と北海道の土地が中国人に大人気だったときに、コロナの登場で、ストップがかかりました。今回も台風6号が宮古島に停滞して、パワーを注入し、そのあと中国大陸に向かうことで守ってくれました。

台風はマイナス面が大きく見えますが、裏の面もあるのです。まさになんでも陰陽〜なのです。

台風もカタカムナウタヒと同じ渦巻きです。渦巻きはパワーアップと龍の守りも可能なのです。陰陽統合で球になって、新しい地球へのプロセスになります。

さらに、そのパワーは北米にも影響し、**インディアンのエネルギーの復活を促しています。**

ちょうど、ヒーリングセミナーの2日目に私はブルーインディアンの恰好で登場しました。新地球は権力者と奴隷のピラミッド構造ではなく、みんな平等で役割が違うだけというインディアン文明がカムバックしてきます。北米で殺された約1億人のインディアンが蘇るときなのです。アマテラスのマントラの2番にもあったように、今が蘇るときなのです。宮古島に落ち延びた平家も、北海道のアイヌも、北米のインディアンも悲しい歴史から蘇って、いよいよユートピアを作っていきます。平家は、まさに平らかで平和な家という、新しい地球の意味も含まれています。

ヒーリングセミナーの前日は東京オリンピックの開会式でした。東京オリンピックのシンボルマークの幾何学模様の登場ではじまり、君が代と木遣りが続いて、まさに相似象の世界を表現していました。

日本のアスリートたちはとても頑張って過去最多の金メダル27個を取りました。たくさんの名場面があり、日本国民を楽しませてくれました。コロナで落ち込んでいましたが、テレビでオリンピック観戦をすることで、爽やかな風を感じることができました。まさに風の時代ですね。

これから地球が一体になります。宇宙時代を迎えるのです。

ほかの星では、カタカムナ相似象を子どものときから学びます。体を使って体感しながら、この世が相似象で、宇宙が球体であることを遊びながら学ぶのです。丸十字のカタカムナ文字が球体で表現されていて、その中に子どもたちが入って回りながら、まさにマワリテメグリ、宇宙のしくみを体感できるのです。

この本を書いているとき、私は毎晩のようにプレアデス星団の大きな母船に乗って、いろんな宇宙人と交流しながら地球の大変革への作戦会議を続けていました。ヒーリングセミナーの参加者から、「啓子先生の次のカタカムナの本が待ち遠しいです。カタカムナを知っていると、宇宙母船に乗りやすいと聞きました」とびっくり発言がありました。そこまで情報が拡散されています。まさにその通りなのです。宇宙母船に乗りながら、この本を書いているのですから、そのエネルギーが満ちあふれています。

新地球では教育も大きく変わります。宇宙のしくみ、人生のしくみを学べる教育システムになると信じています。

この本がぜひそのために役立ってほしいという祈りを込めて、第5章を終わりにします。

笑顔があふれる新地球でお会いしましょう！

コラム

壮大なカタカムナの世界

川井亜哉子

カタカムナは言霊ではなく、現象を生み出すしくみ

カタカムナ　ヒヒキ　マノスヘシ　アシアトウアン　ウツシマツル　カタカムナ　ウタヒ

これはカタカムナウタヒ第1首ですが、最初の部分に「カタカムナはヒヒキ（響き）である」とうたわれています。そして、響きが時空を作っていくことを表し、アシアトウアンというカタカムナの首領が、それらを写し祀り続けてきたことを伝えています（上古代には濁音がなかったことから、ヒビキをヒヒキと表されていたのだと思います）。

もう少し説明すると、現象界である「カタ」の世界と、潜象界である「カム」の世界のつなぎ目「ナ」はヒヒキなんだ、ということをこの第1首が伝えて、ウタヒははじまります。

響きとは音のことですが、それだけではなくて、現象界のヒが潜象のヒをキ（抽《ひ》き出してくる）ということ。それは、現象界のサイドで音を発しているだけではなくて、両界ともに響き合うことが「ヒビキ」だといっているわけです。共に鳴る共鳴ではなく、共に振動する共振のことです。

言葉の響きが現象に影響するというと、言霊を想像する人も多いと思いますが、言霊とカタカムナ相似象の違いは、言霊の一音一音には、たしかな意味があるのに比べ、カタカムナは、音が響き合うことによる「ハタラキ」を表しています。

感受性が高まると、今・今の瞬間に、ヒビキという電気信号が自分の中で発生するのが感じられるようになります。それが見えない世界とつながり合っていることであり、この働きを表しているのがカタカムナのウタヒなのです。

たとえばタマを図象符にすると、次ページのようになりますが、「マニ」も同じ図象になります。同じ図象は同じ働きを持ちます。

カタカムナで大事な響きに「フトマニ」がありますが、マニは同じ図象のタマと同じ働きですから、「フトタマ」であるとも読み取れます。

フト、２つの世界が重なりできた「間」はタマであるともいえるのです。

こんなふうに、カタカムナは複合的に重なり合い、同じ働きであることを言葉を変えて様々に説明していきます。

これが、カタカムナ相似象が言霊ではなく、モノの理《コトワリ》、物理であるといわれているゆえんです。

カタカムナ相似象は、物事を構造化するためのツールなのです。放った音が周波数となって、その場を変えていき、見えない世界が動くのです。

発する音が、次の瞬間を立ち上げていきます。「こんな音を発したらバチが当たるかな」などと思わずに、いろんな音を発し

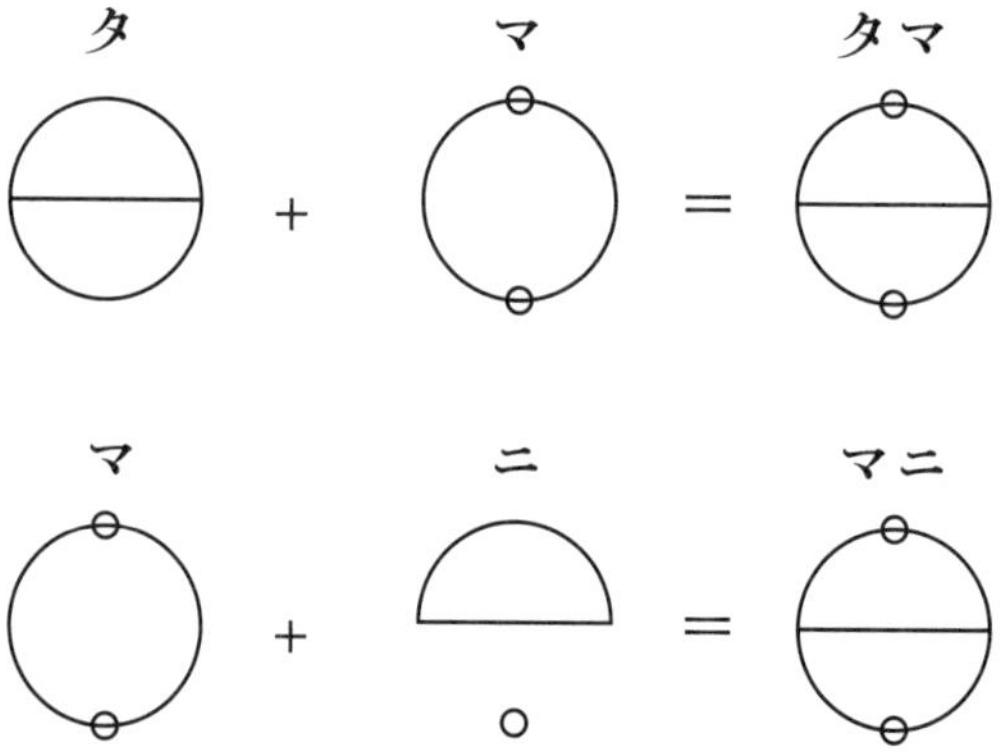

て、現象化を楽しめばいいと思います。「よくない言葉を使ったな」と思ったら、すぐに反対の言葉を響かせれば、場は変わります。それを体験するのも、カタカムナを理解するにはとても大切なことなのです。

カタカムナの響きは、マノスヘシであるということです。つまり、その瞬間のマのありようが展開していくということ。

響きとは共振することです。似たような言葉に「共鳴」がありますが、これは共に鳴ることであり、振動することではありません。鳴っているものがなくなってしまえば、音は消えてしまいます。

しかし、共振はたとえ一方の音がなくなったとしても響きは存在します。たとえていうなら「カタカムナ相似象を研究し伝えた楢崎先生や宇野先生が亡くなっても、お2人の響きと共振できたら、受け取れる自分になれる」ということです。

その響きと共に働いてくれる「マ」（間）があることで、展開していくのです。これがマノスヘシなのです。当然のごとく、そのマの有りようが展開していくということになります。

アシアトウアンとは、カタカムナの首領と前述しましたが、それだけではなく、アシアトウアンが「アシアト」をつけてくれている。それが今から展開するカタカムナウタヒなのだと第1首は締めくくっています。その足跡を追いかけることで、あなたも「カタカムナヒヒキ」になれるのだといっているように感じます。

見えない世界から実体となって現れるエネルギー

ヤタノカカミ　カタカムナ　カミ

これはウタヒの第2首で、シンプルに「ヤタノカカミがカタカムナのカミである」と捉えられますが、「ヤタノカカミとは何なのか」を伝えたウタヒとなります。

ヤという音は、何度も繰り返され飽和状態になったものが、見えない潜象に籠って、現象界に出てくる場のことです。アマ始元量はヤで出てくると伝えています。

これは、すべてのものは、私たちには知覚できない部分で生まれていることを表しています。ヤの部分で還元していくものが潜象に還っていき、発生するものが現象に生まれてくるわけです。

「タ」は生まれ出る、独立するということを示していますが、ヤはその「場」であることをも意味します。これは生まれる場がなければ発生しないということをうたっています。

　さらに、命が生まれるには場が必要で、生まれたからには、ヤ（飽和状態）まで進んでいく生命力を持っている、ということも示しています。これが「カタカムナのカミ」であると伝えています。

　カタカムナの「カミ」を説明するにはどうしても画一的になってしまい、紙面で正確に伝えることができませんが、カというもののミ（実体）であるということです。

「カ」というものは変遷してアマ始元量となり、私たちの命の中に宿っています。ものにはすべて命がありますから、ありとあらゆるものにアマ始元量が存在しています。アマ始元量が、カの実体「ミ」であるということは、この世の中にあるすべてのものは、カミであるということになります。

「ヤタノカカミ　カタカムナ　カミ」とは、見えない世界と見える世界をつないでいるヤの部分に場ができることで命は生まれ、カのミ（実体）を通して、私たちは常にカムの世界からミ（実体）が供給され続けていることを示したウタヒとなります。逆にいうと、「ヤタ」した場がなくなれば、カのミ（実体）も供給されなくなるということです。

アワとサヌキで新しい世界が生まれる

フトタマノミ　ミコト　フトマニ　ニ

これはウタヒ第3首ですが、「ミ　ミコ」「マ　ニニ」と、同じ音の重なりが出てきます。前のウタヒにも「ヒヒキ」「カカミ」と同じ音が続く単語が出てきました。ここには深い摂理が存在しています。

たとえば第1首のカタカムナのカタという図象符は、女性性を表すアワと同じ図象符になります。一方、第2首のヤタノカカミのヤタという図象符は、男性性を表すサヌキと同じ図象符になります。2つの図象符を合体させると、「コ」や「コト」という図象符になります（次ページ参照）。

第1首のカタと、第2首のヤタ。この2つのアワとサヌキをつなぎ合わせてできるものが、フトタマです。これは、女性性と男性性という2つの世界の重なり合いで、新たな世界が作られることを表しています。２つを統合することで、タマができるのです。できた球は「ミ」であり、「ミコト」という本質だというわけです。

　アワとサヌキの図象を合わせると球（コ）という図象になります。女性と男性で子どもが生まれる。できたものはカのミ（実体）で、ミコトは、女性性と男性性が重なり合いミ（実体）なったことを示しています。

　また、コトは「コトコト煮る」などというように、「繰り返し」というニュアンスが含まれています。考えられないぐらい繰り返すことで生まれるミ（実体）がすべての命であるわけです。

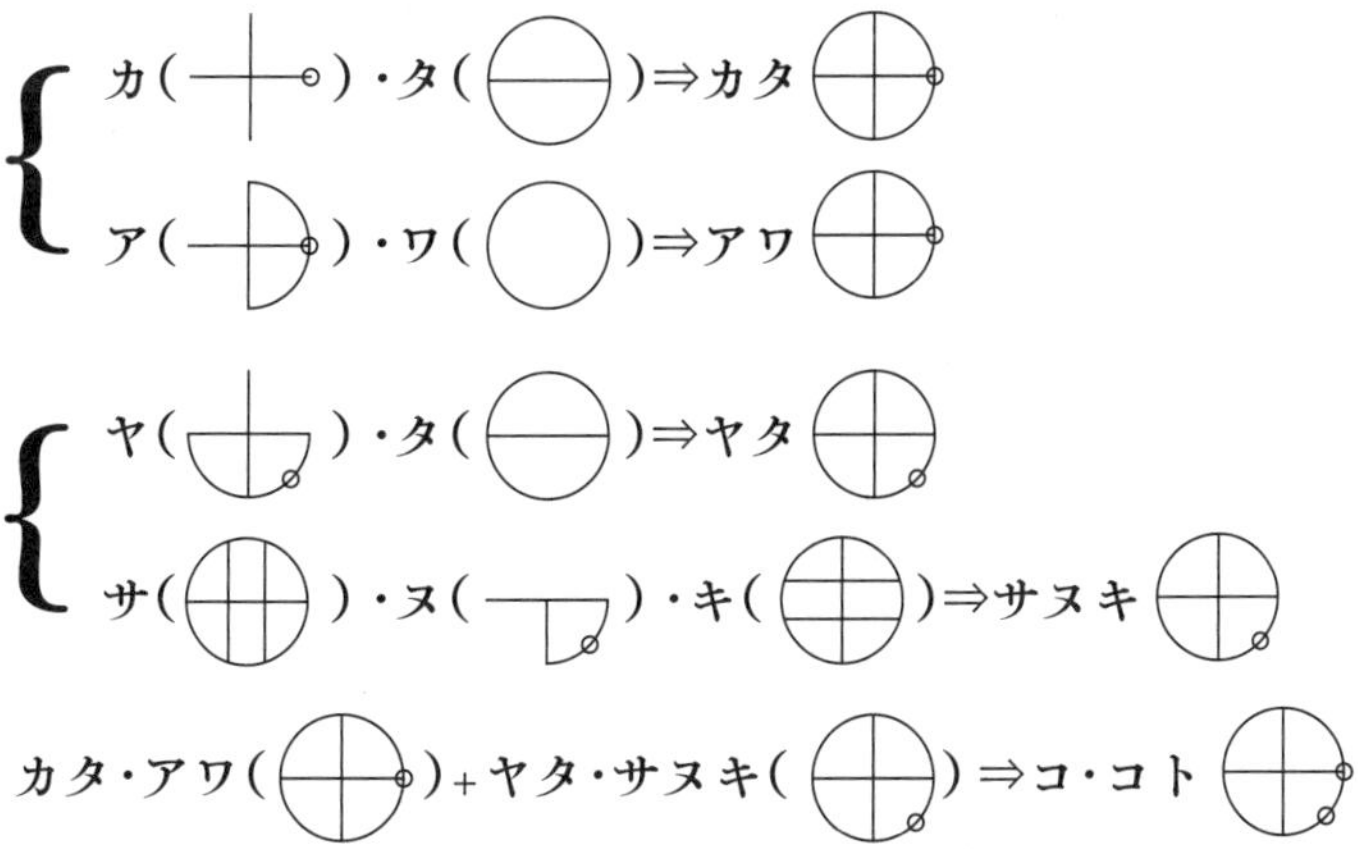

第1首のカのミである「アマ」と、第2首のヤタノカのカの「カム」の2つが重合し、できたタマが変化し続けてミになるということです。そしてこの2つのものが重なり合うことを、フトマニといいます。

中心図象のフトマニ図象の働きのことです。「フト」して「マ」を作ります。「ニ」という音は「煮る」とか「膠《にかわ》」とか定着していくことを示す音で、「マニ」というのはマが定着していくことを示しています。

第2首で表した場ができるということは、このようにして、アマとカムが重なり合いマ（間）ができて場ができていくことを表しています。

ウタヒは言葉だけを羅列し、その思念を並べてもわかりにくいものですが、80個のウタヒは、前後のウタヒを重ね合わせて壮大な世界観を織物のように作り上げています。ウタヒの世界に入ると、自分もまるでその織物の一部になったかのように思うことがあります。意味もわからずに唱えているだけで、その一部になったような気がしてくるのです。

日本人にはカタカムナが宿っている

そして最後に、とても大切なことをお伝えします。カタカムナウタヒは頭で理解しても、その働きは生まれてこないといわれています。

感受性、感受能力を発達させて、感じることが大事なのです。音（ヒヒキ）を発生させ、立ち上がってくる周波数を感じてみる。カタカムナのヒヒキによって、自分の肉体という間や、空間の間がうつり変わったことを身をもって感じることが、とても重要だといわれています。

音の響きは波を作ります。自然界でいえば、満月と新月の大潮の日は、海の干潮・満潮の差がとても大きく、それに比例して空間の振動の波はとても大きくなります。宇宙に存在する「電気の海」の満ち引きも大きいわけです。

そんな響きの空間で命は生まれ、命は還るのです。

日本は古代から、そのように宇宙や自然との関係性ですべては成り立っていることを真に理解してきた国だといえます。

古いしきたりが残っている場所に行くと、旧暦ですべてを仕切り、祭りを大切にしている人たちに出会うことができます。そのような人たちから、「祭りとは神様の前で踊り、遊び、歌うこと」だと聞きました。

ウタヒとは、まさにそのようにしてあったものではないかと思うのです。

難しく考えずに、ウタヒを歌い、遊び、踊る。

そうした中で、脳や心に湧き上がる電気的な振動を感じ、発し、打っては返す波のような「カタカムナ　ヒヒキ」に自分自身が慣れていくことがいちばん大切だと思います。

現象化と潜象化、どちらも立ち上げるそんな振動数のことを「カタ　カムナ」といっているのだと思います。

銀河とつながって生きている私たち

カタカムナの摂理を捉えていくことは、宇宙の不思議や自然の不思議、命の不思議やトキ・トコロの不思議、そして音である響きの不思議を探求することになります。48個の音である声音符と、１２０個の図象符、そして80個の渦巻き状のカタカムナウタヒは深淵です。なぜなら、それは現象化という生きることのすべてと、潜象化という還っていくことのすべてでもあるからです。

その上、動植物の命だけではなく、現象化しているすべてのもの、微生物から、さらには惑星を含む銀河すべてに関係し、それらに当てはまるものを、「カタカム　ナ」という、たった5文字で端的に述べているわけです。

この5文字の背景には、銀河が生まれてからの時空の経過が存在しています。壮大な物語は、私たちの命につながっています。つながっているからこそ、感受することができるのです。

幼い頃、死ぬのが怖くて夜も眠れなかった私が到達した「カタ　カム　ナ」の世界は、潜象の物理を知らずにいたために怖かったのだと、改めて気づきました。今抱えている問題も、本質はまったく違う場所に存在しているのかもしれません。80個の渦巻きは、今、生きている世界を変える大きな力を持った響きです。知ることで、時空は変わる。

みなさんもこの本を通してカタカムナを体感していただけますように。

おわりに

本書を手に取っていただいてありがとうございます。

カタカムナは難しいとよく聞きます。難解で2度も手放した経験がある私だからこそ、難しいといわれるみなさまの気持ちがとてもよくわかります。そして、難しいのに不思議な魅力に惹かれていく方々の気持ちも、とてもよくわかります。

「宇宙の真理」と簡単に綴れるほど「カタカムナ」の世界は浅くはなく、果てしなく広く深いものです。だからこそ、その見えない深みがご縁ある方の気持ちを鷲掴みにしているような気がするのは、私自身がそのトラップにはまり込んでいるからかもしれません。

相似象の後継者に選ばれた宇野先生は、孔子の論語を学び、その後、釈迦の釈迦仏陀本紀を学ばれ、そして楢崎先生に出会われています。このお2人が精魂込めて遺された「カタカムナ」には、そのような様々な世界が折りたたまれて、言葉にできようのない美しさが古代カタカムナ人の生き方へと、学んでいる私たちを結んでくれています。

川ヰ亜哉子

丁寧に紐解いていくことで、私の人生は、当たり前が当たり前でない生活へと展開していきました。

今回、そんなカタカムナの世界を書籍にするというお話をいただき、張り切って取りかかりましたが、この世界観を言葉にしてお届けすることの難しさを改めて体感しました。読み直すたびに書き直し、考え、空を見上げ、固定化されている言葉では変換しきれない「カタカムナ」の深さを痛感するたびに、宇野先生が書かれた26冊もの学会誌に対し、ただ深く感謝する日々でした。

とにかく今は、精一杯のものが出来上がったと思っています。このようなチャンスを与えていただいた啓子先生、そして、大きく背中を押していただいた煌セラ伊地代表、たくさんのアドバイスをいただいた廣済堂出版の真野さん、相似象セミナーに参加していただいた生徒のみなさん、セミナーを主催し、この原稿を何度も読んでくれた各地のセミナー主催者さん、本当にありがとうございました。

カタカムナ相似象の世界は、そんなに遠い世界のものではありません。もっともっと身近な生活の一部に存在しています。私たちの脳波が、図象のチカラでどんどん進化変容していけば、気がつかないだけで、ずっとそこにあった「コトワリ」に気づくことができます。

古代日本に存在した知恵カタカムナは今に影響を与え、これからの未来を創り変えるためにこの時代に出てきたものであると、私は確信しています。これが美しい未来を創る「ヒビキ」になるようにと祈ります。

おわりに

魂科医・笑いの天使・楽々人生のインスト楽多〜　越智啓子

この本を読んでくださって、本当にありがとうございます。少しでもカタカムナ相似象を身近なものに感じることができたでしょうか？

今回は、「カタカムナ相似象セミナー」の講師、川ヰ亜哉子さんがコラムを担当してくださって、学術的な内容が入り、ギュッと締まった本になりました。

私は、愛と笑いの過去生療法をしていますので、愛と笑いのエッセンスをふんだんに振りまいて、これまでわかりにくいとされてきたカタカムナを日常でも感じられたり、思い出したりできるように解説してみました。

私は、小さい頃から、見えないカムの世界が見えています。不思議ちゃんと呼ばれる子どもの一人で、天使や妖精や木の精霊が見えて対話したり、遊んだりしていました。

みんなも同じように見えていると思って、母に話しかけても母には見えていなくて、母の目が悪いのだと思って話さなくなりました。だんだんと自分だけがいろいろ見えていて、逆にみんなには何が見えていないのかがわからなかったのです。

青空をずっと見つめていると、泡のように透明の粒がたくさん浮いていて、それが空気という大切なものを構成している酸素や窒素など、細かい粒子であることに気づきました。また、亡くなってもいろんな思いが重く残っていて、この世に浮遊している、いわゆる幽霊の存在も、普通に見ることができました。

最近は、波動を高めにしてスルーすることにしています。天使の桜ちゃんや大天使のみなさま、そしてたくさんの妖精たちとの交流はとても楽しいので、その周波数をまだ維持して交流しています。「大人になったら、見えなくなる」と聞いて、ずっと待ち続けていましたが、とうとう沖縄のおばあになってもまだ見えています。

大人になれず、ロックなまま、寿命の光に帰るまでカムの世界に半分以上足を入れて、毎日「アマウツシ」——アマをこの世に映し出す生活をしていくのだと覚悟を決めました。

でも、カタカムナ相似象という面白いツールに出会ったからには、カムの世界に半分以上生きている私がカムの世界の通訳として、この本を書く役目が残っていたことに、わくわくしています。

自分のクリニックでも、精神科医なのに魂の通訳として、患者さんの魂さんからのメッセージやイメージをお伝えしています。その内容をもとに、ずっと本を書いてきました。1冊ずつ本を書くたびに、面白い世界が広がっていくのが、やみつきになっている至福の世界です。それもベストタイミングでです。すべては、ベストタイミングに出来上がるのです。

ちょうどこの本も、新しい地球に大きく変わるときに世に出ます。

２０２１年の6月9日に陰陽統合がはじまり、6月19日に、日本の双龍がグルンとひっくり返って、北海道と沖縄の頭としっぽが入れ替わりました。

宮古島と北海道と北米が相似象なので、宮古島の平家の落ち武者の子孫と北海道のアイヌと、北米のインディアンの悲しみに満ちた歴史が相似象で重なっています。その文化が溶け合って、自然体で、平等で、シンプルな文明が、いよいよこれから開いてくるのです。

6月19日は、ひっくり返っても6月19日です。何と今年から「奴隷解放記念日」として、アメリカの新しい祝日になりました。今まで何千年も続いた権力者と奴隷のピラミッド構造の文明が終わり、新しいユートピアの文明になるのです。

さらに、瞑想を14年間続けて覚醒されて、宇宙のしくみをあちこちで説いておられる上江洲義秀先生が、6月16日に龍宮という実相世界の玉手箱から出てきた光の字を、魂から湧き上がる衝動で書かれた「琉球王国神」という書が、言霊パワーとして、沖縄で生み出されたタイミングでした。

まさに「琉球王国神」が開いてから、日本のエネルギーの象徴である双龍がでんぐり返しして、いよいよ縄文パワーが残る沖縄が中心となって、新地球がスタートしました。スペシャルな夏至といわれた6月21日に、黄金時代にふさわしいゴールドの光が龍宮城から湧いてきて、厚い雲を突き破り、天と融合して、その光が龍の道となって、私たちの道しるべになりました。やっと、このときを迎えて、たくさんの魂たちが深い喜びに満ちあふれています。本当にやっとここまで来れた〜と感無量です。

この本とともに、新しい地球への道しるべとなりますように、心から愛と笑いを込めて、世に送り出したいと思います。

少しでも、カタカムナ相似象の内容が心に残っていたら嬉しく思います。

今までの癒しの本と違って専門ではないカタカムナ相似象の世界を解説するために、いつもより6か月以上長い8か月という時間をかけて、心身ともに苦しみながら生まれた難産の本です。

一緒にカタカムナ相似象のセミナーや合宿に参加してくださった、編集者の真野はるみさん、本当に大変な作業をありがとうございました。編集長の伊藤岳人さん、新しいジャンルの本を快く受け入れてくださり、本当にありがとうございました。素晴らしい表紙をデザインしてくださったツカダデザインさん、ありがとうございました。

そして長い執筆の間、協力してくれた家族、励ましてくれた友人たち、ずっとカタカムナ相似象に関わってくださったすべての方々に厚く御礼申し上げます。これからの新しい地球を、大いに楽しみましょう！

越智啓子（おち・けいこ）

精神科医。東京女子医科大学卒業。東京大学医学部附属病院精神科で研修後、ロンドン大学附属モズレー病院に留学。帰国後、国立精神・神経センター武蔵病院、東京都児童相談センターなどに勤務。1995年、東京で「啓子メンタルクリニック」を開業。99年沖縄へ移住。過去生療法、アロマセラピー、クリスタルヒーリング、ハンド&ヴォイスヒーリングなどを取り入れた新しいカウンセリング治療を行う。現在、沖縄・恩納村にあるクリニックに併設した癒しと遊びの広場「天の舞」「海の舞」を拠点に、クライアントの心（魂）の治療をしながら、全国各地で講演会やセミナーを開催し人気を呼んでいる。著書は本書で44冊にのぼる。おもな著書に『祈りの奇跡』『笑いの秘密』『龍を味方にして生きる』『目覚めよ、松果体』（すべて廣済堂出版）などがある。

ホームページ　https://www.keiko-mental-clinic.jp/

川ヰ亜哉子（かわい・あやこ）

大阪市生まれ。カタカムナ相似象研究家。neverLand主宰。「カタカムナ文献」を解読し世界観をまとめた物理学者、楢崎皐月先生の後継者である宇野多美恵先生が引き継がれた「相似象学」を学び、「カタカムナ相似象」として、独自にカタカムナウタヒの研究を続けている。カタカムナ相似象が持つ根源的な素晴らしさを、わかりやすく誠実に世に伝えていくことを決意し、2019年には愛知県一宮にて、2020年には京都にて、「1人ひとりがカタカムナのヒビキになるために」という内容の「相似象教育」をはじめる。また同年、東京で「相似象セミナー」も開催。相似象学を学び、宇宙の摂理を日常に取り入れることで、自身の人生はもちろん、セミナー受講者からも人生が好転していくと大きな反響を呼んでいる。また、精神科医・越智啓子先生のセミナー・講演会を20年愛知で開催しているほか、アロマセラピストでもあり、アロマセミナーやクリスタルセミナーなども主催している。

ホームページ　http://www.neverland2001.com

参考文献
『相似象』（相似象学会事務所） 宇野多美恵著
『相似象』別冊（相似象学会事務所） 宇野多美恵著

ブックデザイン：ツカダデザイン
イラスト：鯰江光二
校正：株式会社アンデパンダン
編集担当：真野はるみ（廣済堂出版）

カタカムナ相《そう》似《じ》象《しょう》

宇宙の真理を使いこなして未来を創造する

2021 年 12 月 4 日　第 1 版第 1 刷

著　者　越智啓子　川ヰ亜哉子
発行者　伊藤岳人
発行所　株式会社 廣済堂出版
〒 101-0052　東京都千代田区神田小川町 2-3-13　M&C ビル 7 F
電話　03-6703-0964（編集）
　　　03-6703-0962（販売）
Fax　03-6703-0963（販売）
振替　00180-0-164137
URL　https://www.kosaido-pub.co.jp

印　刷
製　本　三松堂株式会社

ISBN　978-4-331-52350-6　C0095

廣済堂出版

越智啓子
大好評既刊本のご案内

1300円＋税

龍を味方にして生きる
人生をダイナミックに好転させる方法

龍は、天と地をつなぐ存在。そしてスピーディーに私たちの意識を乗せて、現実をどんどん展開してくれる存在です。本書では、小さいときから龍と話をしてきた著者だからこそ言える龍を味方にする方法を紹介しています。「龍、よろしくね！」。そのひと言で変化を感じられるようになるはずです。

廣済堂出版

越智啓子
大好評既刊本のご案内

1300円＋税

一瞬で愛に満たされる
祈りの奇跡

私たち日本人は自然にずっと祈り続け、長い歴史の中で、すでに祈りが奇跡を呼ぶことを知っています。本書では、祈りの効果や、祈りがもたらした奇跡だけではなく、さまざまな祈りを紹介。「唱える」ことや「イメージ」することによって効果が実感できます。願いがあるときだけではなく、自らが「パワースポット」の存在になることを解説しています。